MADAME C. FARRENC

DRAMES

A L'USAGE

DES COLLÉGES

ET DES PENSIONNATS

LIBRAIRIE DE J. LEFORT

IMPRIMEUR, ÉDITEUR

LILLE
rue Charles de Muyssart, 24

PARIS
rue des Saints-Pères, 30

DRAMES

In-12. 1re série.

A LA MÊME LIBRAIRIE :

Pièces qui peuvent être représentées dans les maisons d'éducation.

En envoyant le prix en un mandat de la poste ou en timbres-poste, on recevra *franco* à domicile.

POUR LES JEUNES GENS :

Drames à l'usage des collèges et pensionnats. in-12. 1 »
Ce volume contient : Jean, ou l'Orphelin reconnaissant. — Ernest, ou le Repentir. — Julien, ou le Mensonge. — Henri. — Bastien. — Charles, ou l'Enfant jaloux. — L'Épée. — Adolphe, ou l'Arrogant puni. — Le Prix de sagesse.

Nouveau Théâtre des maisons d'éducation pour les jeunes gens. in-12. 1 »
Ce volume contient : L'Aîné de la famille. — La Main invisible. — Le Testament. — Bruno. — Deux Ecueils.

Les Dubourg, suivis de : *Le Sourd-muet.* — *A quelque chose malheur est bon.* in-12. » 75

Le Progrès des lumières, suivi de : *Eleuthère*, ou la Chambre à louer. in-18. » 30

Chacun son métier. in-18. » 30

La Nuit porte conseil. in-18. » 30

On récolte ce qu'on a semé, suivi de : *Vertu passe richesse.* in-18. » 30

Gustave et Arthur. in-18. » 10

POUR LES JEUNES PERSONNES :

Théâtre des jeunes filles. in-12. 1 »
Ce volume contient : Amélie. — Une Fête. — Martha. — Emma. — Junia. — La Paresseuse. — Adèle. — Caroline.

Nouveau Théâtre pour les jeunes personnes. in-12. 1 »
Ce volume contient : La Gouvernante. — L'Epreuve. — La Femme du monde. — Les Dangers de l'indiscrétion. — Marie la Savoyarde.

Le Présent le plus agréable au Ciel, suivi de : *Jenny*, comédies ; et de : *Marie*, drame. in-12. » 75

La Maîtresse du logis, drame en deux actes. in-12. » 50

L'Epreuve, drame en trois actes in-12. » 50

Ernestine, suivie de : *Jacqueline.* in-12. » 50

Belle-Mère et Belle-Fille, proverbe en trois actes. in-12. » 30

Une Fête de village. in-18. » 30

Geneviève. in-12. » 20

Rose et Lucie. in-18. » 20

La Duplicité dévoilée. in-18. » 10

L'Orgueil châtié. in-32. » 10

Eh bien! Ernest je te pardonne.

Page 66.

DRAMES

A L'USAGE

DES COLLÈGES ET DES PENSIONNATS

CINQUIÈME ÉDITION

LIBRAIRIE DE J. LEFORT

IMPRIMEUR ÉDITEUR

LILLE | PARIS
rue Charles de Muyssart, 24 | rue des Saints-Pères, 30

1879

Propriété et droit de traduction réservés.

JEAN

ou

L'ORPHELIN RECONNAISSANT

PERSONNAGES :

PIERRE, vieillard octogénaire.
JEAN, orphelin.
M. DE VERNEUIL.
CHRISTOPHE, voisin de Pierre.

———

La scène se passe dans une pauvre chaumière.

———

JEAN

ou

L'ORPHELIN RECONNAISSANT

SCÈNE I

PIERRE, CHRISTOPHE

CHRISTOPHE

Eh, bonjour, voisin ; comment ça va-t-il aujourd'hui ? vos douleurs sont-elles un peu calmées ? avez-vous un peu reposé cette nuit ?

PIERRE

Oh ! ça va mieux ; merci, voisin ; grâce aux soins de ce pauvre petit Jean, j'avance vers ma guérison et....

CHRISTOPHE

Où est-il allé si matin ? Ah ! dame, ça court les

champs comme un oiseau sorti de sa cage ; ça aime à jouer.

PIERRE

Lui jouer ! vous le connaissez bien peu, voisin, en supposant qu'il court pour son plaisir. A douze ans, Jean n'est plus un enfant ; le malheur et la reconnaissance en ont fait un homme. Oh ! c'est bien beau et bien attendrissant, allez, que de le voir là, le jour et une partie des nuits, me prodiguant ses soins affectueux, et puis de ces douces paroles, comme en ont les anges, pour faire reprendre à l'espoir les pauvres âmes souffrantes. Oh ! tenez, voisin, je bénis l'instant où ma charité m'inspira la bonne action de recueillir ce pauvre enfant, qui venait de perdre sa mère, le seul appui qu'il eût assurément dans ce monde. On le dit, voisin, depuis bien longtemps, et moi je l'éprouve, un bienfait n'est jamais perdu !

CHRISTOPHE

J'ai su que vous vous étiez chargé, quoique pauvre, vieux et infirme, de cet enfant, mais je n'ai jamais connu les détails de cette triste histoire ; contez-moi ça, voisin.

PIERRE

Il y a neuf ans environ, une dame jeune encore, mais déjà fort malade, vint louer une chambre dans la petite auberge en face de ma chaumière; Jean avait alors trois ans. On ne savait qui elle était, ni d'où elle venait; elle parlait fort peu et priait constamment; tout son plaisir était de caresser son petit garçon; et bien souvent, moi, son voisin, je la vis pleurer sur le visage de l'enfant, qu'elle aimait comme toutes les mères aiment leurs enfants. Un jour, ah! tenez, je ne puis y songer sans me sentir tout ému, la pauvre chère dame était aux prises avec une attaque d'apoplexie; elle avait déjà perdu connaissance, lorsque l'hôtesse de l'auberge vint m'appeler. Jean poussait des sanglots autour de son lit, et criait : « Maman, maman, je veux maman. » Hélas! le pauvre ignorant de la vie connaissait encore moins la mort, mais l'aspect de sa mère immobile lui faisait pressentir un grand malheur. Quel tableau déchirant! J'entrai au moment où cette âme angélique prenait son vol vers le ciel.

CHRISTOPHE

Est-il possible ?

PIERRE

Oui, à ce triste et déchirant spectacle, je pris le pauvre petit dans mes bras, et je le consolai de mon mieux. Je l'amenai dans cette cabane, et quelques jours après, accompagné de Jean, je me rendis chez quelques-uns des habitants du hameau, pour tâcher de leur inspirer quelque pitié pour l'orphelin. Personne ne voulut s'associer à ma bonne action. « Envoyez-le à l'hôpital, » m'était-il dit partout. Je les laissai dire, et bien que je fusse le plus pauvre, je gardai l'enfant. Dieu viendra à notre secours, pensai-je ; Dieu ne souffrira pas que la vieillesse et l'enfance, les deux âges de la vie qui ont le plus besoin d'appui, restent sans secours ; Dieu nous en enverra, puisque les hommes nous en refusent.

CHRISTOPHE

C'est beau, voisin, ce que vous avez fait là.

PIERRE

Au milieu de la misère, tenez, voisin, la conscience et le cœur consolent de tout.

CHRISTOPHE

Et depuis neuf ans, voisin, personne, à ce qu'il paraît, n'est venu réclamer l'enfant?

PIERRE

Personne !

CHRISTOPHE

Et vous n'avez rien conservé des effets de l'étrangère, qui puissent servir à faire retrouver la famille de l'orphelin?

PIERRE

Le peu d'effets, de hardes qu'elle possédait, l'hôtesse les prit pour subvenir aux frais de son enterrement; elle me remit seulement un gobelet en argent sur lequel sont gravés deux chiffres.

CHRISTOPHE

Un gobelet d'argent! Vous auriez dû vous en défaire; tant de fois je vous ai vu manquer du nécessaire.

PIERRE

M'en défaire! Oh! jamais! jamais je n'aurais voulu, pour tout le bien du monde, dépouiller l'orphelin du seul héritage de sa mère. Oh! non, non!

CHRISTOPHE

Dieu vous bénira pour votre vertu, Pierre.

PIERRE

Il m'a béni, car mon petit Jean m'aime; il m'a béni, parce qu'au milieu de mes souffrances et de ma misère, je lui vois pratiquer des vertus. Dans un âge aussi peu avancé, croiriez-vous, voisin, que le cher enfant a trouvé le moyen de me devenir réellement utile. Tous les jours, il va dans la forêt voisine chercher du bois, dont il fait un fagot; puis il le vend sur la place du marché. Vous le voyez bien, voisin, que Dieu m'a béni;

et lorsqu'ému je lui dis : « Jean, Jean, oh! c'est bien ce que tu fais là, garçon ! — Père, répond-il tout en larmes, n'était-ce pas mieux de votre part de ne point abandonner l'enfant sans père ni mère ! » Alors il tombe dans mes bras, et nous sommes plus heureux que les rois. Vous voyez bien que Dieu m'a béni.

SCÈNE II

PIERRE, CHRISTOPHE, JEAN

JEAN, *courant à Pierre et l'embrassant.*

Comment vous portez-vous, père? Oh! que le temps m'a paru long aujourd'hui ; c'est que je vous savais encore malade. Etes-vous mieux, mon bon père?

PIERRE

Oh! je suis parfaitement guéri à cette heure. Mais comme te voilà fatigué, mon fils, ton front est ruisselant de sueur.

JEAN

Père, mon fagot était lourd; je l'ai bien vendu, voilà vingt sols! *Il les lui remet.* Vous voyez, père, que Dieu a pitié de nous. Oh ! chaque matin, avant de prendre le chemin de la forêt, je l'implore à genoux. Je savais bien, moi, que vous ne seriez pas longtemps malade ; j'avais tant adressé de prières au Seigneur. Ah ! père, nous aurons une visite tantôt ; j'allais oublier de vous le dire, étourdi que je suis !

CHRISTOPHE, *à part*

L'aimable enfant !

PIERRE

Une visite chez nous ! Et qui donc nous la fera, Jean ?

JEAN

C'est un monsieur que j'ai rencontré sur mon chemin ; oh ! père, il a la bonté peinte sur le visage.

PIERRE

Et que nous veut cet étranger ?

JEAN

Oh ! rien, père ; il veut, m'a-t-il dit, presser la main d'un honnête homme, la vôtre enfin, mon bon père.

PIERRE, *demi-sévère*.

Allons, je vois que tu lui as raconté.... Je te l'avais bien défendu, Jean.

JEAN

Oh! je ne lui ai point raconté mon histoire, père, ne vous fâchez pas ; mais je n'ai pu m'empêcher de lui dire combien je vous aimais ; oh! cela, vous ne m'avez pas dit de le taire.

PIERRE

Non, car cela me fait trop de joie : embrasse-moi, mon bon Jean. *Ils s'embrassent.*

CHRISTOPHE

Et moi, voisin, je vous laisse avec votre enfant ; je suis charmé de vous savoir mieux portant. Courage et espoir.

PIERRE

Bonjour, voisin.

JEAN

Adieu, M. Christophe. *Christophe sort.*

SCÈNE III

PIERRE, JEAN

JEAN, *arrangeant divers objets dans la chaumière*

Voyons, que je mette un peu d'ordre ici, en attendant le monsieur. Oh! père, si vous saviez comme il me parlait avec intérêt de vous ; puis il s'arrêtait et me regardait ; j'en devenais tout rouge, tant j'étais honteux du long examen qu'il me faisait subir.

PIERRE

La fraîcheur de ton visage lui plaisait.

JEAN

Je ne sais pourquoi, moi-même je me sentais tout ému. *Avec joie :* Ah! c'est lui, père!

SCÈNE IV

PIERRE, JEAN, M. DE VERNEUIL

M. DE VERNEUIL, *à Pierre*

Pardonnez-moi, Monsieur, si je viens dans votre demeure sans avoir l'honneur d'être connu de vous.

PIERRE, *faisant des révérences*

L'honneur est de mon côté, Monsieur.

M. DE VERNEUIL

J'ai parcouru ce bois avec votre charmant enfant, et j'ai été surpris, je vous l'avoue, de voir en lui tant de modestie unie à l'esprit et surtout à la plus exquise sensibilité. Vous avez là, monsieur, un enfant rare; à mesure que je le complimentais sur les précieuses qualités qui, malgré tous ses efforts pour les cacher, éclataient à mes yeux, eh bien, il ne parlait que de vous son père, de vos vertus. Enfin, j'ai voulu contempler le tableau de votre bonheur; encore une fois, pardonnez-moi un désir qui vous paraît indiscret peut-être.

PIERRE

Ah! c'est bien honorable pour moi de vous l'avoir inspiré.

M. DE VERNEUIL

Avez-vous d'autres enfants, Monsieur?

PIERRE, *à part*

Faudrait-il raconter encore? Ah! non : recevoir toujours des louanges pour une action aussi simple, aussi naturelle. *Haut* : Jean est le seul enfant que Dieu m'a donné.

M. DE VERNEUIL

Vous devez, pour cette raison, le chérir doublement.

PIERRE

Ah! ça, c'est vrai, je l'aime autant qu'il est possible d'aimer une créature humaine.

M. DE VERNEUIL

Un vieillard et un enfant qui se soutiennent l'un l'autre dans la vie, et au sein de l'indigence; l'un l'autre contents de leur position, n'en souhaitant pas une meilleure; ah! Monsieur, quelles leçons les hommes égoïstes et ambitieux pourraient puiser sous votre toit de chaume! Que j'aime pour mon compte à respirer cette atmosphère d'innocence et de paix que vous répandez autour de vous! Permettez-moi de m'asseoir, je me sens fatigué.

PIERRE, *avançant un escabeau*

Excusez-moi, Monsieur, Peu fait aux habitudes polies, j'avais oublié de vous offrir un petit banc. Dame! nous n'avons point de fauteuils.

M. DE VERNEUIL

On est fort bien là-dessus.... Et quels sont, Monsieur, vos moyens d'existence?

PIERRE

Lorsque je me portais bien, Monsieur, je bêchais la vigne; mais depuis ma maladie, Jean s'est chargé seul de fournir à notre ménage. Le cher enfant, que Dieu le bénisse! vend le bois qu'il ramasse dans les forêts voisines; au temps des champignons, il laisse le bois pour aller à la recherche de cette production de la nature, propriété des pauvres. Touchés de la grâce et de la politesse du jeune marchand, quelques seigneurs, habitant leur château, veulent bien être assez généreux pour ne point dédaigner la marchandise qui leur est offerte.

M. DE VERNEUIL, *à Jean*

Et moi aussi, mon petit ami, j'habite un château peu éloigné de votre village : pourquoi donc, Jean, n'es-tu jamais venu chez moi?

JEAN

Où donc se trouve votre propriété, Monsieur? je n'aurai garde de vous oublier à la saison prochaine; oh! je vous ferai un panier de mes plus belles morilles.

M. DE VERNEUIL

C'est le château que l'on aperçoit, comme un point blanc, au pied de la montagne que domine la chapelle de la sainte Vierge.

JEAN

Ah! je vais prier souvent dans cette chapelle; j'aurai bientôt franchi la distance, allez. J'irai, j'irai.

M. DE VERNEUIL

Ne serait-il pas possible, mes amis, de me rafraîchir? la longue promenade que j'ai faite m'a altéré.

PIERRE, *bas à Jean*

Et rien ici.... Courons chez le voisin Christophe, il nous donnera ce qui nous manque. *A M. de Verneuil :* Pardon, Monsieur, veuillez nous attendre un instant, et tâchez de ne pas trop vous ennuyer.

M. DE VERNEUIL

Pas de cérémonies, je vous le défends....
Allez.

SCÈNE V

M. DE VERNEUIL, *seul*

C'est singulier, mais ma tristesse habituelle fait place à je ne sais quels délicieux sentiments. Il dit que c'est son fils... Allons... cette ressemblance, qui m'a tant frappé, n'est que l'effet d'une imagination malade. O mon Dieu ! doux espoir qui s'enfuit à mesure qu'il vient de naître ; quoi qu'il en soit, je ferai des heureux, puisque ce bonheur a fui de mon cœur.... Je ferai du bien à cet enfant, à son vertueux père ; ils béniront tous deux ma mémoire quand je ne serai plus ! Mais quels moyens employer pour leur faire accepter mes dons ? Ils les refuseront... ils doivent avoir de la fierté ; les nobles cœurs sont fiers. Eh bien ! je ne leur offrirai rien jusqu'à ce qu'ils m'aiment et qu'ils ne puissent plus repousser mes bienfaits.

SCÈNE VI

M. DE VERNEUIL, PIERRE, JEAN *portant du beurre, du lait et un pain bis.*

PIERRE

Vous nous ferez l'honneur, Monsieur, de casser une croûte avec nous. Ah! dame, nous ne pouvons vous servir un repas complet, mais au moins le peu que voilà nous vous l'offrons avec cordialité.

M. DE VERNEUIL

Et j'en suis reconnaissant plus que je ne puis vous l'exprimer. *Pierre et Jean tirent la table au milieu de la chaumière, et mettent le couvert, les verres, parmi lesquels se trouve le gobelet d'argent.*

PIERRE

Daignez vous asseoir sur ce banc, Monsieur.

M. DE VERNEUIL

Je goûte un vrai bonheur auprès de vous. *Il regarde Jean attentivement. A part :* Toujours cette image! *A Jean :* Place-toi là, mon enfant, en face de moi, afin que je puisse mieux te voir.

PIERRE

Et moi ici, à votre côté.

SCÈNE VI

M. DE VERNEUIL, *préparant une tartine*

Jamais repas splendide ne me donna tant de gaîté et de bonheur.

PIERRE, *riant*

Oh! vous nous flattez, Monsieur.

M. DE VERNEUIL

Je dis vrai, je vous l'assure. Vous ne savez pas, vous simples habitants des campagnes, tout ce qui se passe dans le monde, dans ce qu'on nomme la société; à coup sûr, vous ne vous doutez pas que les plaisirs qu'on y prend sont suivis d'affreuses déceptions, qu'ils laissent toujours au cœur des regrets et de l'amertume. C'est presque toujours l'ostentation et non l'amitié qui convie à un repas, et l'hypocrisie et la flatterie qui les reçoivent; ici, au moins, autour de cette table rustique, il ne s'est assis avec nous que la franchise et la bonté.

PIERRE, *naïvement*

Oh! pour ça, dame! oui.

M. DE VERNEUIL

Mais quel luxe étalé sur cette table!

PIERRE

Quoi donc?

M. DE VERNEUIL

Eh! ce gobelet d'argent; car il est en argent, n'est-ce pas? *Il le prend.*

PIERRE, *à part*

Oh! me voilà encore trahi, je n'y avais pas songé; il me faudra raconter l'histoire.

JEAN, *à part*

Bon, cela lui donnera l'occasion de parler de ma bonne mère.

M. DE VERNEUIL, *dans le plus grand trouble*

D'où tenez-vous ce gobelet? Ah! par pitié, ne m'abusez pas, parlez avec franchise.

JEAN

Eh bien! ce gobelet est à moi; c'est l'héritage que m'a laissé ma mère.

M. DE VERNEUIL

Ta mère!... la femme de ce vieillard?

PIERRE

Il n'est pas mon fils.

M. DE VERNEUIL

Ah!... laissez-moi respirer; car, voyez-vous, une espérance qui m'échapperait encore me causerait la mort.... J'ai tant souffert.

PIERRE, *à part*

Que veut-il dire?

JEAN, *à part*

Je ne sais ce que j'éprouve aussi, moi.

M. DE VERNEUIL, *à Pierre*

Ainsi, Jean n'est pas votre fils, et il tient ce gobelet de sa mère, de sa mère qui n'existe plus.

SCÈNE VI

JEAN

J'avais trois ans lorsque Dieu me la reprit, Monsieur, et sans la bonté, la charité de mon père que voilà, l'hôpital eût été le seul asile ouvert à moi, pauvre orphelin que je suis.... Voilà l'histoire.

M. DE VERNEUIL

Merci, mon Dieu, car vous avez été touché de mes prières, de mes larmes ; oh! merci, car vous rendez au père son enfant. Jean, Jean, tu es mon fils!

JEAN

Vous!

PIERRE, *à part*

O sainte Providence!

M. DE VERNEUIL, *serrant Jean contre son cœur*

Oui, tu es mon fils! Je suis ton père, ton heureux père!

PIERRE, *essuyant ses larmes*

Ah! j'en pleure de joie!

JEAN

Mon cœur me le disait; je vous aimais tant déjà! Que je suis heureux! que je suis heureux!

M. DE VERNEUIL

Vous voyez en moi un ancien militaire, qui a

assisté à bien des combats. Lors de la désastreuse campagne de Russie, je laissai mon épouse, douce, vertueuse et timide, mon épouse qui venait de me donner un fils, sous la protection d'un parent qui la recueillit dans sa demeure. Ce parent, le seul qui me restait, était bien indigne de ma confiance. Il n'est point de cruautés et d'ignominies qu'il n'ait fait subir à sa nièce; et tout cela, vous aurez de la peine, bon vieillard, à le croire, tout cela dans le but de s'approprier une forte somme que je lui confiai pour subvenir à l'existence des êtres que j'aimais. Les lettres n'eurent bientôt plus de libre circulation, à cause de la guerre. Alors, ce malheureux osa inventer un faux extrait mortuaire, pour persuader à mon épouse que j'avais cessé de vivre et qu'elle eût à se chercher un autre asile que sa maison. La paix étant rétablie, je revins dans ma patrie, dans la ville où j'avais laissé tout ce qui m'attachait à la vie. J'avais acquis une belle position dans l'armée, j'étais général !

PIERRE

Général ! j'ai recueilli le fils d'un général, moi.

M. DE VERNEUIL

Oui, la fortune m'était prospère, et le bonheur m'avait échappé. Ce parent si cruel et si coupable était mort; ma femme et mon enfant, hélas! tout le monde ignorait leur sort. On m'instruisit les mauvais traitements que mon angélique épouse avait endurés et qui l'avaient décidée à prendre la fuite, mais on ne put me dire où elle était allée. Jugez de ma douleur!... Depuis dix ans, je cherche en vain les traces de ses pas; je pleure ma femme! je pleure mon fils!... En te voyant, mon Jean, une voix secrète me disait : cet enfant est ton fils. *A Pierre :* Homme généreux, soyez béni mille fois du Seigneur, vous m'avez conservé mon fils; vous avez élevé l'orphelin, vous avez connu celle dont la mort laisse une place vide dans mon cœur. Ah! soyez béni.

PIERRE

Je suis aussi heureux que vous. C'est pourtant ce gobelet....

M. DE VERNEUIL

Mon chiffre et celui de ma femme sont gravés dessus. Hélas! c'est tout ce qui me reste d'elle; mais vous m'en parlerez souvent, mon enfant. *Il embrasse Jean. A Pierre :* Fermez cette cabane, abandonnez-la pour toujours; plus de travaux rudes, plus de misère, vous habiterez mon château, et vous suivrez mon fils.

JEAN

Oh ! je ne voudrais pas le bonheur, si mon second père n'en avait sa part.

M. DE VERNEUIL

Bien, mon fils, ces sentiments t'honorent. Partons.

PIERRE

Mais auparavant, M. le général, pour l'enseignement des habitants de ce hameau, écrivez sur la porte de cette chaumière : « Le pauvre Pierre habite, à cette heure, un beau château : UN BIENFAIT N'EST JAMAIS PERDU ! »

ERNEST

ou

LE REPENTIR D'UN BON CŒUR

PERSONNAGES :

M. MORTEVAL, vieillard.
ERNEST, petit-fils de M. Morteval.
M. RAMBERT, capitaine, frère de M. Morteval.
SINVALLET, vieux serviteur.
JOSÉPH, fermier de M. Morteval.

La scène représente un salon simplement meublé, à la campagne de M. Morteval; porte au fond, portes latérales.

ERNEST

SCÈNE I

M. MORTEVAL, SINVALLET

M. MORTEVAL

Et tu dis, Sinvallet, qu'Ernest a brisé mon beau cabaret de porcelaine du Japon, en jetant sa toupie?... Quel enfant! n'avoir que de sévères réprimandes à lui adresser, quand il pourrait devenir la consolation de son vieux grand-père! Cet enfant me fera mourir.

SINVALLET

Tenez, voulez-vous que je vous dise ma façon de penser? pardonnez la franchise d'un vieux serviteur.

M. MORTEVAL

Ah! parle sans crainte, mon brave, ton dévouement t'en donne le droit.

SINVALLET

Eh bien! c'est que le petit drôle vous trouve trop faible, trop bon, et il en abuse, voilà.

M. MORTEVAL

Eh! parbleu, mon ami, ces reproches que tu m'adresses, je me les fais à chaque instant du jour; mais où veux-tu trouver de l'énergie dans l'âme d'un pauvre vieillard tel que moi? et puis tu oublies que le cœur du père est là pour tout paralyser....

SINVALLET

C'est absolument cela. Puis l'enfant grandit, ses défauts deviennent des vices, et il n'est plus temps de le corriger, car le mal a pris de fortes racines, et l'on rougit alors d'avoir dans sa famille un mauvais sujet....

M. MORTEVAL

C'est vrai, ce que tu dis là, mon vieux; c'est fort juste; mais je ne puis me résoudre, à mon âge, à vivre toujours en querelle, toujours irrité contre Ernest.

SINVALLET

C'est cela, vous préférez soupirer et vous

plaindre à fendre l'âme à votre vieux serviteur, plutôt que de prendre une ferme résolution qui vous ferait triompher de ce petit mauvais sujet. Si la vie qu'il nous fait mener dans cette campagne continue longtemps encore, pour ma part, Monsieur, je vous avouerai que je n'y tiendrai pas. Que voulez-vous? Toujours des cris à faire, des plaintes à entendre. Hier, c'était un cheval détaché du râtelier, galopant dans les champs avec l'écervelé, et vous, presque évanoui de frayeur en songeant aux dangers qu'il courait. Aujourd'hui, votre cabaret en pièces; demain, une autre chose sans doute : le verger dépouillé de ses beaux fruits peut-être, ou que sais-je encore? c'est vraiment à ne savoir pas où donner de la tête. Cet enfant n'a point de cœur, vous dis-je.

M. MORTEVAL

Tu te trompes, Sinvallet; n'accuse pas son cœur, il n'est point complice dans ses étourderies. Ah! si mon frère le capitaine de dragons arrivait parmi nous, ainsi qu'il me l'a fait pressentir dans sa dernière lettre, je suis assuré qu'il viendrait à bout d'Ernest. Il faut à ces enfants-là des mains de fer pour les tenir.

SINVALLET

Puisse-t-il donc arriver bientôt, M. le capitaine

de dragons, puisque selon vous, Monsieur, il doit nous apporter la paix et la tranquillité. Mais voilà M. Ernest, et voyez dans quel état! tous ses habits en lambeaux; je me sauve. *Il sort.*

SCÈNE II
M. MORTEVAL, ERNEST

ERNEST

Ah! mon père, tenez, voyez, je pouvais me tuer en tombant de ce noyer où j'étais monté pour saisir un nid d'oiseaux, mes habits seulement ont souffert.

M. MORTEVAL

Ah! c'est affreux, Ernest, de rendre ainsi mes dernières années si tristes, si misérables. Que serais-tu devenu, malheureux enfant, lorsque encore au berceau tu perdis tes parents? Hélas! j'espérais que l'orphelin que je recueillis avec tant de tendresse se souviendrait de ce bienfait; mais, je le vois chaque jour, la reconnaissance n'habite pas ton âme; Ernest, je le dis avec douleur, tu n'es qu'un ingrat!

ERNEST

Ah! mon bon père, je vous promets de mieux m'observer à l'avenir!

SCÈNE II

M. MORTEVAL

Oui! c'est ainsi que tu m'abuses sans cesse, par des promesses mensongères que tu détruis à chaque instant par ta conduite. Ah! si au lieu de courir dans les champs, tu eusses étudié tes leçons, fait tes devoirs, tu ne m'aurais point cassé mon cabaret, tu n'aurais point déchiré tes habits; c'est bien mal, cela, Ernest. Qu'espères-tu de cette vie oisive que tu mènes? Tu ne seras qu'un ignorant, exposé à rougir sans cesse, lorsque tu deviendras plus avancé en âge. Tous les professeurs que je t'avais donnés n'ont plus voulu te prodiguer leurs soins, tous ont été rebutés par ton peu d'aptitude et ta paresse. Ah! tu me rends bien malheureux, mon enfant, tu brises mon cœur!...

ERNEST

Ah! mon bon père, si vous saviez combien j'aurais été heureux en possédant ce beau nid, que je voyais perché sur la cime du noyer!

M. MORTEVAL

Voilà une belle excuse! Taisez-vous, Monsieur, et allez changer de vêtements.

ERNEST

Père! oh! ne vous fâchez pas; embrassez-moi! embrassez votre fils!

M. MORTEVAL

Non, Monsieur.

ERNEST

Oh ! je vous embrasserai malgré vous. *Il lui saute au cou. A part :* Je connais le moyen de lui faire tout oublier. *Il sort en sautant.*

SCÈNE III

M. MORTEVAL *seul*

Si mon frère ne se hâte d'arriver pour corriger ce petit lutin, il me faudra prendre un parti, l'éloigner de moi, le mettre dans une pension ; mais me séparer de lui, de cet enfant que je chéris si tendrement. Malgré ce qu'en dit Sinvallet, je soutiens qu'il a un cœur bon et sensible. Cher Ernest, seul enfant qui reste à ma vieillesse, ah ! si tu pouvais savoir combien je t'aime, et combien tu désoles mon âme par tes étourderies.... Mais qui vient là ?

SCÈNE IV

M. MORTEVAL, M. RAMBERT

M. MORTEVAL

Ah ! mon frère !

SCÈNE IV

M. RAMBERT

Te voilà enfin, mon ami! *Ils s'embrassent.*

M. RAMBERT

Je viens passer toute la belle saison avec toi.

M. MORTEVAL

Ah! tu es bien aimable, je te remercie.

M. RAMBERT

Lassé du fracas de Paris, je me suis dit : Il existe un coin de terre en Touraine où je vivrai quelques mois au sein de l'amitié fraternelle, et aussitôt je suis monté en voiture, et me voilà.

M. MORTEVAL

Et tu as sagement pensé. Je t'attendais avec une bien vive impatience.

M. RAMBERT

Pauvre frère! quel bonheur de nous retrouver encore ! Ta santé me paraît assez bonne.

M. MORTEVAL

Oui, grâce à Dieu, je me porte assez bien pour mon âge avancé; ma vieillesse est exempte d'infirmités, et sans les tracasseries continuelles que me fait éprouver....

M. RAMBERT

Quoi! ton petit-fils, ce moutard fait toujours des siennes?

M. MORTEVAL

Ah! cela va en augmentant, mon cher ami. Il porte le trouble et la désolation dans cette paisible retraite, où j'espérais terminer ma vie dans la tranquillité.

M. RAMBERT

Vraiment; il est donc bien espiègle ce petit garçon! Eh bien, laisse-moi faire, cède-moi tous tes droits sur Ernest, et tu verras comme il deviendra souple et obéissant. Souffrir ainsi par les caprices d'un bambin, mais cela ne se conçoit pas.

M. MORTEVAL

Que veux-tu. Il sent toute ma faiblesse et ma sensibilité, voilà le malheur.

M. RAMBERT

Il est des enfants qui exigent de la sévérité, et morbleu un vieux soldat saura se faire craindre.

M. MORTEVAL

Je l'espère; mais le voici.

SCÈNE V

M. MORTEVAL, M. RAMBERT, ERNEST

ERNEST, *à part*

Quel est cet étranger? *Haut :* Père, me voilà convenablement vêtu.

SCÈNE V

M. RAMBERT

C'est donc là ton petit rebelle?

M. MORTEVAL

Lui-même. *A Ernest :* Embrasse ton oncle.

ERNEST, *à part*

Mon oncle! Oh! qu'il a l'air méchant, ses moustaches me font peur. *Il reste immobile.*

M. RAMBERT, *d'une voix tonnante*

Morbleu, Monsieur, obéirez-vous?

ERNEST, *s'approchant*

J'obéis, vous le voyez bien.

M. RAMBERT, *l'embrassant*

Je fais volontiers votre connaissance, mon neveu.

ERNEST, *à part*

Et moi, pas du tout, je ne m'habituerai jamais à ses manières.

M. MORTEVAL

Ernest, tâche d'être raisonnable si tu veux que ton oncle t'aime.

M. RAMBERT

Dame! c'est la première condition.

ERNEST, *à part*

De quoi vient-il se mêler, cet oncle que je ne connais pas? *Haut :* Père, voulez-vous me permettre d'aller avec Vincent dans la forêt voisine? je cueillerai des noisettes, et cela m'amusera.

M. RAMBERT, *vivement*

Je vous le défends, moi.

ERNEST, *d'un ton fier*

Ce n'est point votre permission que j'implorais, monsieur mon oncle.

M. RAMBERT

Vous êtes un impertinent, monsieur mon neveu. Je suis fâché que ma façon d'agir vous contrarie, mais je n'en changerai pas, je vous en préviens ; sachez que votre grand-père m'a cédé tous ses droits sur vous, et je commence d'en user en vous forçant d'obéir. Vous n'irez pas au bois cueillir des noisettes, je veux voir auparavant vos cahiers ; car j'imagine que vous n'êtes point élevé ainsi qu'un petit paresseux, et que vous consacrez une bonne partie de la journée à vos devoirs de classe. Croyez bien que tout va changer ici désormais, et que j'ai en horreur les enfants paresseux et ignorants. Allez, et obéissez, j'attends vos cahiers. *Ernest pleure.* Vous pleurez, mon neveu, vous feriez mieux d'obéir. Les larmes de la désobéissance ne gagneront rien sur moi.

ERNEST

Mais, Monsieur....

M. RAMBERT

Qu'est-ce à dire encore? Allez chercher ce que je vous demande, et songez que toutes les fois que vous n'aurez point rempli la tâche que je vous donnerai, vous serez réduit au pain et à l'eau, vous resterez aux arrêts.... Et maintenant, morbleu, obéissez.

ERNEST, *pleurant*

Ah! que je suis malheureux!

M. MORTEVAL

Va, mon ami.

M. RAMBERT, *frappant du pied*

Eh bien! m'avez-vous entendu, Ernest?

ERNEST, *s'enfuyant*

Que vient-il faire ici? Je le braverai, moi, ce capitaine-là, tout gros, tout grand, tout effrayant qu'il est. *Il sort.*

SCÈNE VI

M. MORTEVAL, M. RAMBERT

M. RAMBERT

Il était temps, en effet, d'arriver. Il y a de l'obstination dans cette petite tête-là; mais elle cèdera, je te l'assure, à ma fermeté.... Ah, ah, ah! as-tu vu comme d'abord mes vieilles taches l'effarouchaient?

M. MORTEVAL

Je sens, comme toi, que l'autorité est [né]cessaire pour dompter un semblable naturel. [Je dois] t'avouer ma faiblesse pour cet enfant, eh [bien] ses craintes et ses larmes me faisaient mal.

M. RAMBERT

Pauvre ami! cache bien tes souffrance[s sous] une apparente insensibilité; s'il apercevait [dans toi] la moindre faiblesse pour ses défauts, tout c[e que] je veux tenter pour le rendre tel que nou[s sou]haitons qu'il soit, serait perdu; avec l'entê[tement] qu'il montre, cet enfant-là serait capable [de tout] oser pour avoir ensuite la faculté de se gou[verner] à sa guise.

SCÈNE VII

M. MORTEVAL, M. RAMBERT, SINVA[LLET]

SINVALLET

Ah! Monsieur, voilà M. Ernest qui a [pris la] fuite.

M. MORTEVAL, *fortement ému*

O Ciel! va, cours après lui, ramène-le

SCÈNE VII

M. RAMBERT

..., Sinvallet.

M. MORTEVAL

... n'entends donc pas, mon frère, Ernest
... ; le malheureux ! où va-t-il aller ? il
... ans quelque coin, exténué de faim.

M. RAMBERT, *riant*

... onc tranquille, le déserteur reviendra
... napeau, et alors je le ferai passer de-
... onseil de guerre.

M. MORTEVAL

... mènes militairement les affaires, toi,
... ens ; mais pour moi, il m'est impos-

M. RAMBERT

... n'es qu'une poule mouillée, mon
... re. Ne crains rien, te dis-je, je ne ferai
... r notre conscrit ; je veux te le rendre
... mme un gant. Tu verras....

M. MORTEVAL

... donc le laisser s'en aller ? ô juste Ciel !

SINVALLET, *à part*

... j'ai vu le frère de monsieur descendre
..., je me suis dit : Voilà l'homme qu'il
... ; parlez-moi de cela au moins. *Haut :*
... c, je ne dois point courir après le

fugitif ; mais, au moins, ne vous affligez pas trop, maintenant que nous avons du renfort.

M. RAMBERT

Bah! l'inquiétude de quelques heures sera bientôt suivie du calme et du bonheur ; laissez-moi gouverner, ainsi que je le veux, ce petit bonhomme de trois pieds. La guerre est déclarée, morbleu, il faudra qu'il rentre au camp implorant sa grâce et la paix; nous verrons.... Ah! il a fui. C'est bien, il reviendra, il reviendra, morbleu, je vous l'assure. Je comprends bien vos tourments : le petit lutin se jouait de deux vieillards; mais gare à lui! à nous deux à cette heure.

SINVALLET

Dieu soit béni! car vous allez, monsieur le capitaine, nous apporter une trêve au moins.

M. RAMBERT

Dites la paix générale ; mais pour cela laissez-moi faire.

M. MORTEVAL

Où peut-il être allé ?

M. RAMBERT

Parbleu! cueillir des noisettes ; tu te désoles, tandis qu'il saute et rit maintenant, j'en suis sûr. Mais tu dis qu'il est bon et sensible.

SCÈNE VIII

SINVALLET

Quant à moi, j'en douterais presque ; faire souffrir continuellement son bon grand-père, qui l'aime, Dieu sait combien !

M. RAMBERT

Ce n'est pas une raison.

M. MORTEVAL

Je réponds, moi, de son cœur et de sa tendresse pour moi !

M. RAMBERT

C'est à son âme que je veux parler.

M. MORTEVAL

Pour moi, je n'y peux plus tenir ; l'inquiétude m'accable. Rambert, je vais me retirer dans ma chambre ; je sens que je succombe à mon émotion. *MM. Rambert et Morteval sortent.*

SCÈNE VIII

SINVALLET *seul*

Il a l'air dur, M. le capitaine, et si j'étais un enfant, il me ferait trembler avec ses moustaches noires et longues ; que le Ciel veuille que tout cela se termine bien !

SCÈNE IX

SINVALLET, JOSEPH

JOSEPH

M. Morteval !

SINVALLET

Il n'est pas là ; nous apportez-vous des nouvelles de M. Ernest !

JOSEPH

Non ; ma femme vient de me dire qu'il avait pris un gros pain à la ferme, disant qu'il ne reviendrait pas tant que son oncle à moustaches ne lui aurait cédé la place. Cela ferait supposer qu'il compte aller bien loin, et j'ai cru de mon devoir d'avertir M. Morteval de cette circonstance.

SINVALLET

Je dirai cela à mon maître.

JOSEPH

Si j'apprends quelque chose, je m'empresserai d'en instruire M. Morteval.

SINVALLET

N'y manquez pas, Joseph.

JOSEPH

Adieu, M. Sinvallet, je vais retourner aux champs.

SINVALLET

Bonjour, Joseph.

SCÈNE X

RAMBERT, SINVALLET

SINVALLET

Je viens, Monsieur, d'avoir des nouvelles du fugitif ; Joseph sort d'ici ; il venait nous annoncer que notre étourdi s'est muni, à la ferme, d'un pain qu'il a emporté.

M. RAMBERT, *riant*

Ah ! il a de la prévoyance, il a craint la famine. Tu vois, Sinvallet, qu'il n'a pas envie de se laisser mourir de faim ; rassure-toi, nous le verrons ici avant ce soir, il ne voudra pas assurément passer la nuit dans les champs, à la belle étoile.

Que de tourments pour mon pauvre frère ! si ce jeu-là continuait, ce petit drôle le ferait mourir à petit feu.

SINVALLET, *à la fenêtre*

Je crois le voir là-bas ; n'est-ce pas lui qui est assis sous ce gros maronnier ? mes yeux sont mauvais.

M. RAMBERT, *regardant*

C'est bien notre déserteur qui revient. Fermons la croisée, afin qu'il ne puisse nous apercevoir. S'il vient se soumettre, Sinvallet, vous n'avez rien à dire.

SINVALLET

Je comprends, je remplirai dans cette affaire-là le rôle de muet.

M. RAMBERT

Rien de plus.

SINVALLET

Le voici, le voici, ce sont bien ses pas; cette fois, il ne court point. *A part :* Voyons comment s'en tirent les capitaines de dragons avec les enfants indociles.

SCÈNE XI

M. RAMBERT, SINVALLET, ERNEST

ERNEST

Je veux voir mon grand-père!... Où est-il donc?

M. RAMBERT

Votre grand-père est souffrant, Monsieur. Votre conduite dénaturée, vos continuelles fautes et enfin votre fuite portent un coup terrible à sa santé. Que venez-vous faire encore dans une maison où, pour prix des bienfaits que vous y avez reçus, vous n'avez apporté que la désolation, et bientôt, hélas! le deuil? Retirez-vous, Monsieur.

ERNEST

Je veux voir mon grand-père; car, vous qui me faites ainsi la morale, qui vous mêlez de choses qui vous sont étrangères, je ne vous connais pas.

M. RAMBERT

En effet, vous ne me connaissez pas; car je suis certain que si vous saviez de quoi le capitaine Rambert est capable, vous ne vous amuseriez point à vouloir le braver. Monsieur mon neveu, pensez-vous que celui qui, à la tête d'un régiment de dragons, maintenait la discipline parmi les hommes de haute stature, ne puisse se faire respecter par un bambin de votre espèce? eh! je défendrai mon frère contre votre méchanceté.

ERNEST

Mais enfin, ne puis-je lui parler; c'est mon père que je demande.

M. RAMBERT

Ah! malheureux, voulez-vous accélérer sa mort? voulez-vous porter un nouveau coup à sa faible existence? Sachez, Monsieur, qu'à la nouvelle de votre fuite, mon malheureux frère s'est trouvé mal, et que ce coup lui donnera la mort peut-être et brisera nos cœurs. Voilà votre ouvrage, monsieur!

ERNEST, *vivement ému*

Qu'entends-je? mon grand-père.... Ah! vous m'abusez... tout cela n'est qu'un jeu, n'est-il pas vrai? de grâce, rassurez-moi... mais vous le voyez bien, je souffre! O mon Dieu! ô mon Dieu! *Il pleure.*

M. RAMBERT, *à part*

Cela va bien, il y a de l'âme. *Haut :* Je ne vous trompe pas, Monsieur; votre père est malade, et vous le perdrez bientôt, si vous ne changez de conduite, et vous entendrez, Ernest, le reste de votre vie, une voix qui dira dans votre cœur, que c'est vous, vous seul qui, pour prix de ses bienfaits, avez creusé la tombe de mon malheureux frère.

ERNEST

Que dites-vous, mon oncle? Et vous croyez que je pourrais le savoir souffrant, prêt à quitter ce monde, sans lui dire : « Père, père! ah! pardonne-moi mes indignes torts; Dieu, qui lit au fond des cœurs, sait bien que je t'aime. » Ah! mon oncle, voudriez-vous que je n'obtinsse pas mon pardon; dites, voudriez-vous qu'il quittât son Ernest, son fils, sans lui pardonner, sans le bénir? Ah! non, n'est-ce pas, vous n'êtes point aussi barbare que vous le paraissez, vous allez me conduire près de lui. Ah! par pitié, ne vous refusez pas à mes larmes, à mes prières. *Il tombe à genoux.*

SINVALLET, *à part*

Ce petit drôle me fend le cœur! *Il essuie ses yeux.*

M. RAMBERT

Ernest, vous êtes bien coupable. Voyez ce qu'il peut en coûter lorsqu'on néglige de remplir les devoirs que nous imposent à la fois la nature, le cœur et la religion. Tous les vœux de l'homme doivent tendre à s'éviter des remords cuisants. Quoi! vous aviez cru que Dieu, au regard duquel nulle action n'échappe, ne vous infligerait pas une punition cruelle! Vous êtes orphelin, vous n'avez à espérer d'autre fortune dans le monde que celle que vous pourrez vous procurer par votre bonne conduite et votre travail. Votre conduite est indigne, et vous êtes paresseux. Vous n'étiez rien sans la protection de votre grand-père, qui vous aimait, et vous désoliez son existence!... Eh bien, Ernest, le Ciel, pour vous punir, pour vous donner une leçon sévère, vous le retirera ce bon père, et vous laissera seul, pauvre et ignorant dans ce monde. Ernest, on ne se joue point de l'amour d'un père !

ERNEST, *vivement*

Ah ! que je sois abandonné sans retour, que la misère et la honte accompagnent tous mes pas dans la vie, cela je l'ai mérité ; mais que mon bon, mon vénérable grand-père ne me soit point ravi : qu'il me chasse, mais qu'il vive. Oh ! ne me dites plus, mon oncle, que je vais bientôt le perdre, car, voyez-vous, je ne pourrai survivre à cette affreuse douleur.

M. RAMBERT

Voyez où vous ont entraîné vos mauvais penchants ! Ah ! c'est affreux ; un remords perpétuel pouvait être votre triste partage ; et en ce moment, tenez, où le malheur vous accable, je gage, moi, car j'ai le don de lire dans le cœur des enfants, oui, je gage que si vous me promettiez d'être à l'avenir soumis, respectueux, attentif à remplir vos devoirs, je parie qu'une fois le danger et la crainte passés, vous mettriez aussitôt en oubli vos bonnes résolutions.

ERNEST, *se jetant à genoux*

O mon oncle, mon cher oncle, pardonnez-moi ma vilaine conduite à votre égard ; je sens combien je fus coupable envers vous ! Vous êtes trop bon, trop généreux pour moi ; ayez pitié de ma douleur ; que faut-il faire pour expier mes torts, pour que vous me les pardonniez? Je le vois, vous ne croirez pas à ma promesse de changer ; le temps seul et l'exactitude que j'apporterai à remplir mes devoirs pourront vous convaincre que mes regrets sont sincères.... O mon Dieu, que faut-il dire et faire pour toucher votre cœur? Dites, ah ! parlez.

M. RAMBERT

Eh bien, Ernest, je te pardonne ! *Sur un signe de M. Rambert, Sinvallet va ouvrir la porte de la chambre de M. Morteval.*

ERNEST

Mon père! au nom du Ciel, où est mon père ?

SCÈNE XII

M. RAMBERT, SINVALLET, ERNEST, M. MORTEVAL

M. MORTEVAL, *s'avançant lentement, appuyé sur Sinvallet*

Ce que je viens d'entendre me rend à la vie.

ERNEST, *joignant les mains*

O mon père, je n'ose me jeter dans vos bras, je suis trop criminel. C'est la première punition que je m'inflige.

M. RAMBERT, *poussant Ernest dans les bras de M. Morteval*

Enfant, il te pardonne, ton père, car, ainsi que moi, il compte sur ta sincérité.

M. MORTEVAL, *attendri*

Mon bon fils !

ERNEST

Ah ! j'ai trop souffert, en comprenant enfin que je pouvais, par ma conduite, hâter le terme d'une vie qui m'est si chère. Que serait-ce donc si j'en avais la cruelle certitude ? Me voilà corrigé à jamais de mes vilains défauts. Sinvallet, pardonne-moi aussi, toi, je t'ai fait bien du mal.

SINVALLET

Ah ! c'est de grand cœur. *A part :* Vive M. le capitaine !

ERNEST, *pressant la main de M. Rambert*

Oh ! je n'ai plus peur de vos moustaches, mon oncle ; vous me raconterez vos campagnes.

M. RAMBERT

Ce récit sera le prix de ta sagesse ; je le commencerai ce soir à la veillée.

ERNEST

Oh ! que je vais être heureux maintenant, car j'espère que mon grand-père le sera.

JULIEN

ou

LE MENSONGE

PERSONNAGES :

M. GERVILLE.
ANTONIN, } ses fils.
JULIEN,
GUILLAUME, vieux bûcheron.
M. ROSTAN, } amis de M. Gerville.
M. DERMONT,

La scène se passe dans un salon de campagne.

JULIEN

ou

LE MENSONGE

SCÈNE I

ANTONIN, JULIEN, M. GERVILLE

M. GERVILLE, *à Julien en le serrant dans ses bras*

Mon cher enfant, je suis satisfait de ta conduite; car dans ce que m'a dit le bûcheron Guillaume, notre ancien serviteur, j'ai compris que c'était toi seul qui pouvais apporter cette sollicitude pour lui. « C'est un ange qui veille à mon bonheur, a-t-il dit; mais je dois garder son secret. » Cet ange, c'est toi, mon Julien. Employer ainsi tes petites économies en aumônes, oh! c'est bien noble! Dieu te rendra au centuple ce que tu donnes aux pauvres.

JULIEN

Ce n'est que votre exemple, mon père, que je m'efforce de suivre.

ANTONIN, *à part*

Quoi! Julien laisse croire....

M. GERVILLE, *à Antonin*

Et toi, mon ami, quitte cet air sournois et peu expansif; mets, ainsi que ton frère aîné, ton âme à découvert; sois aussi sincère, enfin, et aussi franc que Julien, et je serai alors le plus heureux des pères.

ANTONIN

Mon père!...

M. GERVILLE, *l'interrompant*

Le mensonge, Antonin, est un vice de l'âme qui finit par en ternir toute la pureté. Ne pas le combattre dès sa naissance, c'est faire son malheur à soi-même; on commence à mentir, sans y mettre de l'importance, et puis, plus tard, on en contracte une funeste habitude dont il est presque impossible de se défaire, et qui finit par nous rendre pernicieux dans la société. On fuit un menteur, on entend dire tout bas : « Ne le croyez pas ! » Oh! c'est bien humiliant. Dirait-il même la plus grande vérité, il n'est jamais cru. Oh ! que c'est affreux de mentir.

ANTONIN, *suppliant*

Mon père, j'ai en horreur le mensonge, je ne mens pas.

M. GERVILLE

Que de fois j'ai eu à te reprendre sur ce vilain défaut! tâche de t'en corriger.... *Regardant à sa montre* : Mais mon jardinier m'attend ; je vous laisse, mes enfants. *Il sort.*

SCÈNE II

ANTONIN, JULIEN. *Moment de silence*

ANTONIN

O mon frère ! quoi! tu me laisseras donc toujours accuser, sans prendre une seule fois ma défense. Tiens, mon frère, ma poitrine est pleine de sanglots. Toujours exciter et recevoir les caresses de notre père, pour toi seul, et me laisser ainsi accabler de reproches ! Oh ! je ne pourrais jamais, moi, me laisser louer sur une bonne action que je n'aurais point faite, sans laisser deviner, si ma bouche se taisait, toute la vérité, à mon trouble, à la rougeur de mon front. Il me semble que je ne pourrais jamais m'approprier ce qui ne m'appartient pas.

JULIEN

Tu me traites donc en voleur! Voyons, que veux-tu dire, frère; je ne te comprends point.

ANTONIN

Julien, notre père t'a prodigué son amour, ses louanges, ses caresses, en te croyant le bienfaiteur de notre pauvre Guillaume, et à coup sûr, frère, ce n'est pas toi qui l'as secouru dans son malheur; tu n'y as pas songé, n'est-il pas vrai? Tu as pris et gardé ce qui ne t'appartenait pas, les témoignages d'affection de notre père.

JULIEN

C'est la vérité. Mais qui donc est le bon ange dont parlait Guillaume?

ANTONIN

Pourquoi donc, Julien, voudrais-tu m'obliger à te révéler une chose qui est aussi sacrée qu'elle doit être secrète?

JULIEN

C'est toi!... Ah! frère... oh! c'est à présent que je rougis; pardonne-moi, je maudis mon vilain défaut. Viens, viens, allons sur-le-champ tout découvrir à notre père; je te dois une réparation, je dois expier par la honte le mal et le tort que je t'ai faits; viens, viens.

ANTONIN

Je n'irai pas, Julien, notre père aurait trop de chagrin en sachant que tu l'as ainsi trompé. Seulement, je te prie de t'observer, afin de ne plus retomber dans ce défaut, qui plus tard finira par t'occasionner bien des peines. Tiens, veux-tu me croire? eh bien, lorsque tu te sentiras près de faillir, jette aussitôt les yeux sur moi, je te ferai une si vilaine grimace que le mensonge que tu allais proférer expirera à coup sûr sur tes lèvres. Dis, le veux-tu, frère?

JULIEN

Si je le veux?... Ah! c'est encore trop de bonté pour moi; cela seul est capable de me corriger à jamais. Que ne puis-je te ressembler, ô mon bon frère! *Ils s'embrassent.*

SCÈNE III

ANTONIN, JULIEN, M. GERVILLE

M. GERVILLE, *irrité*

C'est inouï, cela, c'est affreux ! Je suis d'une colère... dévaster ainsi mon jardin !

ANTONIN, *à part*

Qu'est-ce donc ?... qu'y a-t-il de nouveau ?...

M. GERVILLE

Ah ! si je connaissais celui qui a osé ainsi mutiler mon petit arbre chéri, mon bel oranger, le dépouiller de toutes ses fleurs, de tous ses beaux fruits....

JULIEN, *à part*

O Ciel ! s'il savait que c'est moi.

M. GERVILLE

Ce n'est que vous, messieurs, qui avez pu, ne tenant nul compte de mes expresses défenses, lancer des flèches sur mon parterre.

JULIEN, *suppliant*

Oh ! père, ce n'est pas moi, je vous le jure.

M. GERVILLE

C'est Antonin, à coup sûr.

ANTONIN

Mon père, je ne joue jamais dans votre jardin.

M. GERVILLE

Taisez-vous; encore un de vos indignes mensonges.

ANTONIN *fait des grimaces à Julien, qui s'obstine à ne point le regarder*

Frère... frère....

M. GERVILLE

Je saurai la vérité, et malheur au coupable ! Un aveu seul pourrait faire excuser....

ANTONIN

Frère !...

JULIEN, *sans regarder Antonin*

Ce n'est pas moi !

M. GERVILLE

Allez, sortez ! *Antonin va pour sortir ; Julien ne bouge pas ; Antonin le tire par le bras.*

ANTONIN

Eh ! viens donc, frère !

SCÈNE IV

M. GERVILLE, *seul*

C'est Antonin ! A sa honte, à sa confusion, j'ai reconnu le coupable, il est endurci dans le mensonge. Ah ! comment le corriger ? Je vais encore l'interroger sans témoin. Puissé-je ne pas trouver l'assurance que mon malheureux fils s'est habitué, dès son jeune âge, à une dissimulation aussi profonde et aussi odieuse! *Il rappelle Antonin, qui était déjà éloigné.*

SCÈNE V

M. GERVILLE, ANTONIN

M. GERVILLE

Antonin, vous faites le chagrin de ma vie; j'espérais que mes avertissements et mes réprimandes vous corrigeraient, et je vois avec douleur que plus vous avancez en âge, plus vous vous opiniâtrez dans des défauts que rien ne peut excuser. Je veux toutefois, avant de vous punir comme vous le méritez, faire près de vous une dernière tentative. Avouez vos torts, Antonin, faites-moi connaître la vérité; c'est le moyen le plus sûr de mériter l'indulgence.

ANTONIN

Mon père, si j'étais coupable de ce dont vous m'accusez, à l'instant même je me jetterais à vos genoux pour implorer mon pardon.

SCÈNE V

M. GERVILLE

Toujours les mêmes détours. Antonin, n'employez plus vos moyens ordinaires pour me tromper. Un simple aveu, voilà tout ce que je demande de vous.

ANTONIN

Puis-je mentir pour m'accuser?

M. GERVILLE

Vous ne savez le faire que pour vous excuser, n'est-ce pas? Si ce n'est pas vous qui avez dépouillé mon arbuste, au moins connaissez-vous le coupable?

ANTONIN

Mon père!

M. GERVILLE

Répondez, monsieur.

ANTONIN

Je le connais.

M. GERVILLE

Nommez-le.

ANTONIN

Je ne puis.

M. GERVILLE

Vous vous obstinez à me désobéir?

ANTONIN, *les larmes aux yeux*

O mon père, dans quelle triste alternative vous

me placez! Je n'ai rien tant à cœur que de vous prouver mon respect et mon amour, et je me trouve vis-à-vis de vous entre la désobéissance, le mensonge ou le rôle de dénonciateur.

M. GERVILLE

Malheureux enfant! Peut-on s'imaginer que ton cœur, si jeune encore, connaisse tant de ruses et de fourberies? L'exemple de ton frère ne peut donc rien sur toi? Tu vois, lui, quel chemin il suit; tu vois quelle candeur il montre dans toute sa conduite, et tu ne peux l'imiter! Ainsi, Antonin, vous ne voulez point parler?...

ANTONIN

Mon père, que je suis malheureux de vous occasionner tant de chagrin!

M. GERVILLE

Incorrigible enfant, éloignez-vous. Il est temps que je prenne à votre égard un parti décisif. Vous apportez dans le mensonge et la dissimulation une ténacité inexplicable pour votre père. Retirez-vous; je vous ferai connaître ce soir ma volonté. *Antonin sort en pleurant.*

SCÈNE VI

M. GERVILLE, *seul*

Quel caractère ! Si cet enfant tournait vers le bien ses dispositions naturelles, il deviendrait un sujet excellent, tandis qu'il fait le tourment de ma vie. Il faut cependant que j'éclaircisse cette affaire ; il y va de mon repos, de mon bonheur. Il faut que j'interroge mon jardinier. Peut-être pourra-t-il me donner des renseignements précis. Ah ! voici justement Guillaume.

SCÈNE VII

M. GERVILLE, GUILLAUME

GUILLAUME, *embarrassé*

C'est moi-même, monsieur ; pardonnez-moi si je viens vous déranger.

M. GERVILLE

Si tu as, Guillaume, quelque service à me demander, parle sans crainte, tu seras satisfait.

GUILLAUME, *à part*

Comment lui dire ?... *Haut :* Oh ! je ne demande rien ; mais c'est que, voyez-vous, monsieur, je ne puis plus contenir les élans de la reconnaissance ; je me reproche sincèrement le silence que j'ai gardé envers vous, sur les bienfaits que je reçois journellement de l'un de vos enfants. Peut-être ignorez-vous encore à qui je dois le bien-être dont je jouis ?

M. GERVILLE

Ah ! je sais tout, Guillaume ; Julien m'a tout avoué, il en a reçu sa récompense ; je l'ai embrassé et béni mille fois pour cela.

GUILLAUME

Qu'entends-je, monsieur, est-il bien possible ? Ma femme a donc dit la vérité en assurant que vous vous mépreniez sur vos deux enfants. Sachez, monsieur, que ce n'est point M. Julien qui me donne des secours, mais bien M. Antonin. Cet aimable enfant, que Dieu le bénisse pour sa charité ! s'impose de grandes privations pour moi. Il épargne tout ce que vous lui donnez pour son amusement, et c'est à son cher Guillaume, comme il le dit, que tout cela revient.

M. GERVILLE

O Ciel ! que m'apprends-tu ? ma surprise....

GUILLAUME

Oh ! ce n'est pas tout. Ecoutez : il m'avait

défendu de vous instruire de cette bonne action, et hier, ces paroles qu'il a dites m'ont donné beaucoup à penser : « Guillaume, m'a-t-il dit, il faut cacher plus que jamais notre secret à mon père; car, vois-tu, mon frère en serait trop humilié. » Tout attendri, le pauvre enfant m'a serré la main, puis il a disparu.

M. GERVILLE, *confondu*

Oh ! combien je fus injuste !

GUILLAUME

Moi, monsieur, quoique je ne sois qu'un pauvre paysan, j'ai le cœur tendre; je pleurais, car j'avais deviné la vérité. Ce matin, j'ai voulu m'éclaircir auprès de vos gens, et j'appris que mon jeune bienfaiteur était constamment accusé des torts de son frère, qui profite de son généreux silence pour recevoir vos louanges et vos caresses. Pardonnez-moi ma franchise, monsieur, mais ça me pesait-là, voyez-vous. Ce secret m'aurait étouffé, j'en serais mort si je ne vous l'avais confié, excusez-moi.

M. GERVILLE

T'excuser, mon bon Guillaume, tu as rempli ton devoir, et je te remercie de me dessiller les yeux; réparation sera faite à Antonin, je te l'assure, sois tranquille.

GUILLAUME, *sortant*

Ah! j'ai un poids de moins sur le cœur, me voilà léger; salut, monsieur.

M. GERVILLE

Va en paix, mon brave et digne ami.

SCÈNE VIII

M. GERVILLE, *seul*

Qu'ai-je appris? Cher Antonin, victime dévouée de l'injustice d'un père et de la tendresse fraternelle, combien je suis coupable. Oh! je veux réparer mes torts! Aveugle prédilection qui me cachait les vertus d'Antonin. Guillaume, merci, merci de la leçon que vous venez, dans votre simplicité et votre bon cœur, de donner à un père. Ah! M. Julien, M. Julien!

SCÈNE IX

M. GERVILLE, M. DERMONT, M. ROSTAN

M. GERVILLE

Bonjour, bonjour, mes amis; je vous sais gré

de votre aimable empressement à devancer l'heure du dîner.

M. ROSTAN

Pourquoi nous remercier, puisque c'est un bonheur pour nous-mêmes de jouir de votre société, de causer avec vos charmants enfants.

M. DERMONT

Mais je ne les vois point.

M. GERVILLE

Ils vont venir.

M. ROSTAN

Vous paraissez préoccupé, mon ami; est-ce qu'Antonin vous. aurait de nouveau donné quelque sujet de plainte?

M. GERVILLE

Oh! non, non.

M. DERMONT

Ah! les voici....

SCÈNE X

M. GERVILLE, M. DERMONT, M. ROSTAN, ANTONIN, JULIEN

JULIEN, *sautant au cou de MM. Dermont et Rostan*

Quel bonheur de vous voir, messieurs!

M. DERMONT

Cher enfant!

M. GERVILLE, *d'un ton grave*

Antonin, je te dois un dédommagement, une justification éclatante, pour toutes les accusations que j'ai fait peser sur toi, mon fils, sans éprouver de pitié pour tes larmes. Jamais une voix ne s'est élevée au fond de mon âme pour me reprocher mon injustice à ton égard, pour me dire que ce n'était pas toi, Antonin, qui souillais tes lèvres d'odieux mensonges. Trompé par l'apparente franchise de Julien, je le crus trop longtemps innocent. Pardonne-moi, mon enfant, de t'avoir mal jugé, pardonne à ton père.

ANTONIN, *ému*

Vous pardonner, mon père! ô Ciel!... que dites-vous là?

SCÈNE X

JULIEN, *à part*

Il sait tout... comment a-t-il découvert? Je suis perdu.

M. GERVILLE

Guillaume m'a tout dit, Julien; votre conduite est affreuse!

JULIEN, *tombant à genoux*

Mon père! pardonnez, pardonnez!

M. GERVILLE, *sévèrement*

Retirez-vous, monsieur, vous avez manqué de cœur; vous laissiez inculper votre généreux frère; point de pitié pour le méchant enfant. Retirez-vous, sortez du salon. *A MM. Dermont et Rostan, en montrant Julien :* Et vous, mes amis, qui croyiez aussi à son innocence, voilà le coupable, voilà le menteur, honte sur lui!

ANTONIN, *se jetant à genoux à côté de Julien et l'entourant de ses bras*

O mon père! pardonnez-lui, laissez-vous toucher par ses larmes, par son repentir, je me fais garant de sa conduite à venir. Si vous saviez combien de fois je l'ai empêché de se jeter à vos pieds, d'implorer votre pardon. Oh! mon père! grâce, s'il vous plaît, pour Julien! Et puisque vous daignez penser qu'il me faut une réparation, je n'en demande pas d'autre que la grâce de mon frère, et je serai aujourd'hui bien heureux.

M. DERMONT

Quel noble cœur!

M. GERVILLE, *attendri*

Relève-toi, cher Antonin. Relevez-vous, monsieur, votre conduite décidera comment il me faudra agir envers vous.

JULIEN

Oh! j'ai en horreur le mensonge, il m'a causé trop de chagrins et trop de honte. Je ne mentirai plus de ma vie. Et toi, mon bon frère (*il prend la main d'Antonin et l'arrose de ses larmes*), toi, qui as tant souffert pour moi, pourras-tu jamais oublier mon indigne conduite?

ANTONIN

Tout est oublié, mon cher Julien; je ne me suis jamais souvenu que de mon amour pour toi. *Il l'embrasse.*

M. ROSTAN

Vous allez, Gerville, devenir le plus heureux des pères.

JULIEN, *à son père*

Avec quelle ardeur je vais désormais travailler à vous satisfaire en tout. *En montrant Antonin.* Voilà mon guide, mon modèle; en marchant sur ses traces, je suis certain de devenir un bon fils.

SCÈNE X 73

ANTONIN

Nous unirons nos efforts pour éloigner d'ici la tristesse, et une nouvelle vie va animer notre intérieur.

JULIEN

Oh! je sens bien que moi seul étais un obstacle à la paix et au bonheur. Mon père, daignez abaisser vos regards sur votre fils coupable et repentant, qui veut s'appliquer désormais à réparer ses torts et à remplir tous ses devoirs.

M. GERVILLE

Nous verrons! *A part* : Dans quelles graves erreurs on tombe, en se laissant guider par une aveugle préférence !

M. ROSTAN

Mon cher ami, accorde de suite le pardon tout entier. Je crois que le repentir de Julien est sincère.

M. DERMONT

D'ailleurs, Antonin se fait sa caution.

JULIEN

Non, mon père, je ne suis pas digne de tant de générosité de votre part. Je ne suis pas digne de tant d'amitié de la part d'Antonin. Attendez que je vous aie prouvé par ma conduite combien je sens l'énormité de mes torts, et que je n'ai, je vous le répète, qu'un désir, celui de les réparer.

M. GERVILLE

Julien, Antonin, mes enfants!...

ANTONIN

Mon père, si Julien ne recouvrait pas vos bonnes grâces, je serais vraiment malheureux; je souffrirais autant que lui de ses douleurs, de ses peines et de la privation de l'amitié du meilleur des pères. *Il prend la main de Julien, et se jette avec lui dans les bras de son père.*

M. GERVILLE

Je ne peux résister plus longtemps. Que le Seigneur vous bénisse, mes enfants, qu'il resserre de plus en plus les nœuds sacrés qui vous unissent, et qu'il reçoive ma vive reconnaissance pour une consolation si grande et si prompte, dans un malheur qui me semblait irréparable! *Il les embrasse tous deux.*

HENRI

ou

LE JEUNE INSTITUTEUR

PERSONNAGES :

VINCENT, vieux paysan.
HENRI, } ses fils.
GABRIEL,
M. DE ROSAMONT, propriétaire.
GUICHARD, voisin de Vincent.
Grand nombre d'enfants.

La scène se passe dans la chambre de Vincent. Des bancs autour d'une grande table, sur laquelle sont épars des cahiers et des livres. Des guirlandes de feuilles décorent les murailles de la chaumière. Des couronnes et des livres sur une autre table.

HENRI

ou

LE JEUNE INSTITUTEUR

SCÈNE I

GUICHARD, VINCENT

GUICHARD

Et dire, père Vincent, que c'est aux efforts inouïs de cet excellent Henri que vous devez le bien-être dont vous jouissez! Qui aurait pu penser que cet enfant, dont la constitution était si frêle et la santé si débile, cachait sous de si chétifs dehors un si bon cœur, une si grande âme. Ah! dame, il est à cette heure le plus savant du hameau; il a tant profité des leçons de M. le curé, qui m'a toujours dit : « Guichard, vous le verrez, Henri fera plus tard honneur à votre village. »

VINCENT

Eh bien, tout ce qu'a fait Henri prouve qu'une application constante, soutenue par l'esprit de piété, fait triompher de tous les obstacles.

GUICHARD

Je ne savais assez admirer sa bonne tenue, son assiduité, sa modestie, lorsqu'il allait tous les jours prendre sa leçon au presbytère. Rien que de le voir, on était prévenu en sa faveur. Aussi il a toujours été le premier au catéchisme; et puis, M. le curé lui a mis dans la tête un tas de belles choses, qu'on ne peut plus l'entendre parler sans être tout ébaudi.

VINCENT

Tu te rappelles bien, Guichard, que quelques-uns de nos petits mauvais sujets se plaisaient à le tourmenter, parce qu'il était trop faible pour leur riposter; eh bien, le pauvre enfant ne se décourageait point, il opposait le calme et une patience toute chrétienne aux injures dont on l'accablait : « Père, me disait-il, je tâcherai de me venger plus tard, mais en leur faisant du bien. » Il a tenu parole. Maintenant, Henri est respecté, vénéré, c'est un honneur d'obtenir un éloge ou un sourire de mon Henri. Ah! voisin, cela me fait tant de joie!...

GUICHARD

Je le crois bien, être le père d'un enfant si sage et si savant, c'est un beau titre ça, allez, le père d'un instituteur! M. le curé, en fondant son école, et en en confiant la direction à Henri, a fait un bien infini à ce village. Que d'enfants oisifs se perdraient si Henri ne les retenait près de lui, s'il ne leur enseignait chaque jour, et par ses exemples et par ses paroles, l'amour de Dieu, du travail; si enfin il ne leur communiquait ses connaissances! et dans tout cela, il faut l'avouer ici, il est encore guidé par le noble sentiment de l'amour filial; et Dieu l'a béni, puisqu'il vous a arraché à la misère, et qu'il commence à vous faire jouir d'une petite aisance.

VINCENT

Que le Seigneur vous entende, voisin! C'est aujourd'hui la distribution des prix; depuis ce matin, Henri n'a cessé de travailler dans sa classe; voyez, c'est lui qui a posé toutes ces guirlandes; voilà les couronnes pour ses élèves; c'est beau tout ça! Mais le voici.

SCÈNE II

VINCENT, GUICHARD, HENRI, *un gros livre à la main*

HENRI

Bonjour, mon père; bonjour, M. Guichard.

VINCENT

Bonjour, Henri.

GUICHARD

Sois le bienvenu, mon garçon.

HENRI

Enfin, tout est prêt. C'est à deux heures que doit commencer la cérémonie; voisin Guichard, je vous prie d'y assister.

GUICHARD

Par exemple! le plus souvent que j'y manquerais; j'ai ce matin jeté ma bêche dans un coin. Dame! mon garçon, c'est un honneur et un plaisir pour moi. Ne pas te voir dans un si beau jour pour toi, ah, bien, oui! D'ailleurs, M. le curé m'a tant recommandé de n'y pas manquer, et il est lui-même si affligé que son indisposition le prive de la douce satisfaction qu'il éprouve chaque année en pareille circonstance....

HENRI

Oh! son absence sera un grand vide. Daigne le

Ciel nous conserver longtemps encore notre digne pasteur, le guide, le bienfaiteur de ce hameau ! C'est encore par sa générosité que je peux donner des récompenses à mes chers élèves. Comme il jouirait de leur bonheur et du mien.... Ah! pourquoi Gabriel, mon frère chéri, n'a-t-il point rivalisé d'émulation avec ses compagnons? pourquoi dédaigne-t-il mes soins et ma tendresse ?

VINCENT

Gabriel est un méchant enfant ! Je t'en prie, Henri, ne prends pas autant à cœur son inconduite, je t'ai vu souvent répandre des larmes en songeant à ses écarts.

HENRI

Ah! c'est que je souffre en pensant à l'avenir qu'il se prépare ; je souffre en voyant son obstination et son dégoût pour le travail, moi qui aimerais tant à le citer comme un exemple à tous mes jeunes élèves. Mais, loin de là, il ne cesse de troubler l'ordre de la classe ; il met la dissension parmi des enfants qui devraient se chérir, se traiter en frères; il sème la jalousie entre eux, la jalousie, ce ver qui ronge le cœur !...

Ah! si vous saviez quelle belle et sainte mission est celle d'un instituteur ! L'instituteur consciencieux et chrétien, voyez-vous, n'est autre qu'un père ; ainsi qu'un père, il éprouve pour chacun de ses élèves cette tendre sollicitude qui part du cœur. L'instituteur laisse de côté tout intérêt personnel pour s'attacher de cœur et d'âme aux enfants qui lui sont confiés ; il suit avec joie leurs progrès, il déplore avec amertume l'insouciance, le dégoût, l'indocilité de quelques-uns.

Avec émotion et joignant les mains : O mon Dieu ! faites que mes élèves chéris ne s'écartent jamais de la bonne voie ; inspirez-leur, Seigneur, l'amour du bien, de la vertu, de votre religion sainte ! Que mon frère surtout soit enfin touché de la grâce, et qu'il cesse de payer vos dons, ô mon Dieu, par l'ingratitude et le mépris ! O faites, Seigneur, qu'il commence à comprendre ses devoirs, et je mourrai content en me disant que le passage du pauvre Henri sur la terre n'aura pas été inutile pour celui que j'aime de toute l'affection de mon cœur !

VINCENT

Calme-toi, Henri.

GUICHARD, *à part*

Est-il savant ce pauvre petit homme ! comme il jase !

SCÈNE III
VINCENT, GUICHARD, HENRI, GABRIEL

GABRIEL

Oh! comme tout est beau ici; que je suis content, frère! c'est donc aujourd'hui la distribution des prix?

HENRI

Oui, frère, c'est une cérémonie grave et solennelle, un jour où l'instituteur, tel qu'un juge impartial, doit faire taire tout autre sentiment que ceux de l'équité pour récompenser chacun de ses élèves selon son mérite.

VINCENT

Je te laisse, Henri, je vais terminer quelques affaires pour me trouver à la fête.

GUICHARD

Je vous suis, voisin.

HENRI

Soyez exact, je vous prie. *Guichard et Vincent sortent.*

SCÈNE IV
HENRI, GABRIEL

GABRIEL

Ah! je voudrais déjà avoir mes couronnes et

mes livres; tu m'appelleras le premier, n'est-ce pas, Henri?

HENRI

Eh! qui t'assure, Gabriel, que tu dois être récompensé ?

GABRIEL

Bah, ton frère ! Ce serait beau, vraiment, si j'avais l'humiliation de n'avoir ni prix ni couronne.

HENRI

Je dois, Gabriel, tu le sais bien, juger sans partialité.

GABRIEL

D'accord ; mais un frère !

HENRI

En toute autre occasion, tu sais que le sentiment de l'amour fraternel n'attendrait pas tes sollicitations. Si tu t'étais seulement un peu appliqué à tes leçons....

GABRIEL

Eh ! que m'importent tes livres et tous les mensonges qu'ils contiennent ! Aurai-je un prix, Henri?

HENRI

Je ne puis trahir ce secret; après la cérémonie, tu sauras à quoi t'en tenir, mon pauvre Gabriel.

GABRIEL

Tiens, Henri, avec tout ton savoir, veux-tu

que je te le dise : eh bien, tu n'es qu'un hypocrite et....

HENRI

O Gabriel, je t'en prie, n'arrache pas à ton frère sa dernière espérance; ne me laisse pas douter de ton cœur. Quoi! frère, tu pourrais être jaloux du peu de bien que j'ai pu faire! tu pourrais me reprocher la modeste aisance dont je m'efforce de faire jouir notre père! Gabriel, je trouve des excuses à ton insouciance pour le travail, au mépris même de mes conseils; mais que tu me crois coupable d'une lâche hypocrisie, c'est une idée qui m'est dure à supporter. O Gabriel! si je pouvais te forcer à m'aimer, si tu savais combien j'ai besoin d'être aimé par toi!

GABRIEL, *ému*

Pardonne-moi, Henri!... Oh! je fus bien cruel à ton égard, pardonne.

HENRI, *embrassant Gabriel*

Tout est oublié, frère; ces bonnes paroles ont effacé le passé.

GABRIEL

Ai-je un prix, frère?

HENRI

Tu le sauras ce soir, Gabriel.

GABRIEL

Oh ! tu es méchant, frère.

HENRI

Le temps s'écoule, l'heure approche. Va, Gabriel, va voir si tes camarades se disposent à venir.

GABRIEL

J'y cours. *Il sort.*

SCÈNE V

HENRI *seul*

Il n'est point pervers. Ah ! s'il pouvait devenir tel que mon amour le souhaite, ce serait là, Seigneur, la plus douce récompense que vous pourriez accorder à mes efforts. Mais quel est cet étranger, que veut-il ?

SCÈNE VI

HENRI, M. DE ROSAMONT

M. DE ROSAMONT

Assurément, c'est à M. Henri le professeur que j'ai l'honneur de parler ?

HENRI

Oui, monsieur, c'est moi qui me nomme ainsi.

SCÈNE VI 87

M. DE ROSAMONT

Je venais vous demander une grâce.

HENRI

Une grâce, parlez, monsieur.

M. DE ROSAMONT

En arrivant dans ce petit hameau, j'ai ouï dire, ce matin, que vous deviez faire, aujourd'hui même, votre distribution de prix, et j'ai le désir d'assister à cette cérémonie.

HENRI

C'est un honneur, monsieur, que vous daignez me faire, et je vous remercie de ce désir, que je serai trop heureux de satisfaire.

M. DE ROSAMONT

Avez-vous beaucoup d'élèves, monsieur ?

HENRI

Une quarantaine à peu près, monsieur.

M. DE ROSAMONT

Et c'est vous le premier qui avez conçu l'idée de fonder une école dans ce petit pays ?

HENRI

Non, monsieur, c'est M. le curé. Le village ne présentait aucune ressource, ni sous le rapport de l'instruction, ni pour les fonds nécessaires au traitement d'un instituteur. M. le curé a jeté les yeux sur moi : il m'a instruit lui-même, et par ses soins je peux travailler, dans ma petite sphère, au bonheur de mes compatriotes, et subvenir à l'existence de ma famille ; j'ai trouvé aussi, en utilisant le peu que j'ai acquis par une constante étude, j'ai trouvé pour mon compte de bien douces satisfactions, monsieur.

M. DE ROSAMONT

Y a-t-il longtemps que vous exercez votre noble profession ?

HENRI

Trois ans environ, monsieur.

M. DE ROSAMONT, *tirant sa montre*

C'est à deux heures, m'a-t-on dit ; je me retire pour vous laisser libre ; je serai exact au rendez-vous, vous pouvez y compter. *Il sort*.

SCÈNE VII

HENRI *seul*

C'est singulier, cet étranger m'embarrassait avec ses questions ; il faut avouer qu'il est un peu curieux. Oh ! puissé-je tantôt, devant lui, ne point succomber à ma timidité !

SCÈNE VIII

HENRI, GABRIEL

HENRI

Eh bien ! Gabriel, les élèves sont-ils prêts ?

GABRIEL

Frère, ils vont arriver à l'instant.

HENRI

C'est bien.

GABRIEL, *caressant*

Ah ! Henri, aurai-je un prix ? dis-moi ?

HENRI

Tu le sauras tantôt.

SCÈNE IX

HENRI, GABRIEL, GUICHARD, VINCENT, *en habits du dimanche ;* M. LE MAIRE, M. DE ROSAMONT. *Henri les salue et les fait placer convenablement. Tous entrent par ordre, deux à deux ; ils restent debout sur un côté de la scène. Henri se place près de la table, sur laquelle sont les couronnes et les prix.*

CHOEUR DES ENFANTS

Air : *L'encens des fleurs.*

Ah ! quel beau jour, quelle douce espérance !
Un bonheur pur pénètre notre cœur,

En attendant la douce récompense
Que nous promet un sage instituteur.
Jurons ensemble, jurons ici
Reconnaissance à notre digne ami.

(*Moment de silence.*)

HENRI

Mes chers élèves, j'éprouve aujourd'hui une joie bien vive en vous assurant ici, publiquement, de ma satisfaction. Oui, mes chers élèves, vous avez compris que l'instruction est une chose indispensable, surtout lorsque cette instruction prend tous ses éléments dans la religion, qui devient une source dans laquelle on peut à la fois puiser les vertus solides et modestes qui conviennent à votre position dans le monde.

M. LE MAIRE

C'est admirable !

HENRI

Continuez, mes chers élèves, à mettre à profit le temps de la jeunesse, si prompt à nous échapper, afin de ne point vous préparer des regrets tardifs. Si la pauvreté, hélas ! vous est échue en partage, ne murmurez pas, mes chers élèves, il dépend de vous seul de vous enrichir d'un bien que rien ne pourra vous enlever. La bonne éducation est ce bien si précieux, et ses résultats sont si avantageux, qu'il faut être ennemi de soi-même et de son propre bonheur pour ne pas surmonter avec persévérance les difficultés qu'elle offre au premier abord. Persévérez donc, mes chers élèves, et puissé-je, l'année prochaine et à pareil jour, n'avoir comme aujourd'hui que des félicitations et des louanges à vous adresser, que des couronnes à poser sur vos têtes. *On applaudit.*

M. LE MAIRE

Bravo! bravo!

VINCENT, *à part*

Mon pauvre garçon! *A Guichard :* Voisin, j'en pleure de joie!

GUICHARD

Et moi donc, mon cœur ne fait qu'un bond dans ma poitrine.

GABRIEL, *à part*

Aurai-je un prix?

Pendant que Henri prépare les couronnes et les livres, les enfants chantent en chœur :

> Ah! quel beau jour, quelle douce espérance!
> Un bonheur pur pénètre notre cœur,
> En recevant la douce récompense
> Que nous procure un sage instituteur.
>   Jurons ensemble, jurons ici
>   Reconnaissance à notre digne ami.

Henri fait sa distribution en nommant chaque élève. Chaque fois qu'un élève est couronné, on applaudit. Lorsque la dernière couronne est donnée, Gabriel se détache du groupe des enfants et vient se mettre à genoux aux pieds de Henri.

GABRIEL

Tu ne m'as point couronné, je n'ai rien eu, moi. Oh! pardon, frère, pardon ! l'humiliation que je viens de subir, humiliation qui n'est que la juste conséquence de mon odieuse paresse, m'a fait sentir tout à coup combien je suis indigne d'avoir un frère tel que toi. Pardonne-moi, Henri, je fus bien coupable envers toi. De ce jour mémorable datera ma conversion. Pardonne, pardonne !

HENRI, *le relevant*

Bien, frère, fort bien ! avouer ainsi hautement ses torts, c'est vouloir les réparer. Embrasse-moi, Gabriel. *Avec émotion* : Oh! maintenant, que manque-t-il à mon bonheur ?

M. DE ROSAMONT, *s'avançant vers Henri*

J'ai un désir, monsieur, c'est de l'augmenter encore. Je vais devenir habitant de votre pays ; j'ai fait récemment l'acquisition du château de Montval, depuis si longtemps désert. La santé de deux fils fort jeunes et fort faibles m'a déterminé à me fixer à la campagne. Il me fallait un homme de confiance pour donner à mes enfants l'instruction convenable à leur âge. Ce dont je suis témoin a fixé mon choix. M. Henri, dès aujourd'hui, daignez vous regarder comme l'instituteur de mes fils.

HENRI

O monsieur, je ne suis pas digne de tant d'honneur.

M. DE ROSAMONT

J'espère que vous ne voudrez pas me refuser le premier service que je réclame dans ce pays, que désormais je regarderai comme le mien.

HENRI

O monsieur, comment pourrais-je n'être pas confus à la vue de tant de bontés? Mais comment aussi pourrais-je ne pas vous faire connaître toute ma pensée? Je me suis dévoué aux enfants de ce hameau; je n'ai reçu le peu d'instruction que je possède que pour la consacrer à leur utilité. Sans doute, monsieur, ma vie ne pourrait jamais être plus douce et plus paisible que dans votre demeure; mais jamais, non, jamais je ne pourrai me décider à quitter ces chers enfants.

TOUS LES ÉLÈVES

O notre bon maître, ne nous abandonnez pas!

GABRIEL

O mon bon frère, que vais-je devenir si je n'ai plus le bonheur de recevoir vos conseils et vos leçons?

M. DE ROSAMONT

Mes amis, je n'ai pas paru au milieu de vous pour apporter le trouble et la peine. Oh! non, je ne veux pas vous priver de votre excellent instituteur. Votre attachement pour lui fait votre éloge autant que le sien. A Dieu ne plaise que je vienne rompre des sentiments aussi louables! Nous trouverons moyen de tout concilier, et il ne donnera à mes enfants que ses heures de loisir. Au surplus, lui et moi, avec votre digne curé, avec votre respectable maire, nous nous concerterons pour assurer de plus en plus le bien que nous vous voulons tous, et pour placer votre ami, votre maître, dans la position que doivent lui acquérir son mérite et son dévouement.

TOUS LES ÉLÈVES

Vive notre digne instituteur! vive notre digne instituteur!

VINCENT

Mon fils, le Ciel se plaît à récompenser ta vertu.

GABRIEL

Ah! pour jamais me voilà corrigé.

GUICHARD

Qui aurait dit que ce petit Henri aurait ainsi fait son chemin?

SCÈNE IX

TOUS LES ÉLÈVES

Vive à jamais notre digne instituteur !

M. DE ROSAMONT

Pour célébrer mon arrivée au milieu de vous, mes amis, et pour coopérer pour ma part à la solennité de ce beau jour, je prie M. Henri d'amener demain tous ses élèves au château. Ils pourront prendre leurs ébats dans le parc et goûter une récréation qu'ils ont acquise par leur assiduité au travail.

HENRI

Monsieur, vous avez trop de bonté pour nous. Quel heureux avenir va s'ouvrir pour ce pauvre hameau, puisqu'il a acquis en vous un protecteur si bon et si généreux.

M. DE ROSAMONT

Trêve aux compliments, M. Henri, je n'ai rien fait encore qui puisse les mériter, et d'après tout ce que je vois, il n'y a que moi qui ai ici le droit de vous en adresser. Continuez, mes amis, à faire le bien ; continuez, M. Henri, à répandre sur ces intéressants enfants les inappréciables bienfaits d'une bonne éducation ; et vous, jeunes élèves, profitez, comme vous l'avez fait jusqu'à ce jour, mieux encore s'il vous est possible, des soins que vous prodigue votre excellent maître. Mes fils arrivent ce soir ; et je me fais un véritable plaisir de les présenter à leur futur instituteur, et à leur donner, dès les premiers moments de leur séjour ici, le touchant spectacle d'une jeunesse formée par lui à l'étude et à la vertu.

Les enfants sortent les premiers en chantant :

<pre>
    Ah! quel beau jour, quelle douce espérance!
    Un bonheur pur pénètre notre cœur,
    En recevant la douce récompense
    Que nous procure un sage instituteur.
      Jurons ensemble, jurons ici
      Reconnaissance à notre digne ami.
</pre>

BASTIEN

ou

L'ENFANT DISSIPÉ

PERSONNAGES :

M. RAVET, propriétaire.
M. MALBELLE, instituteur.
NICOT, vieux paysan.
BASTIEN, son fils.
BRIGNOLE, jardinier.
MARGUERY, paysan.
Une vingtaine d'enfants.

La scène représente une place de village.

BASTIEN

ou

L'ENFANT DISSIPÉ

SCÈNE I

M. MALBELLE, seul

C'est non loin d'ici que doit être située la chaumière de maître Nicot, ce brave et digne homme ; je vais chez lui pour savoir le sujet qui a empêché, hier, Bastien de se rendre à mon école ; serait-il malade ? Cet enfant m'intéresse vivement ; il y a dans son cœur une foule d'excellentes qualités ; mais aussi, il faut l'avouer, il est bien étourdi, bien joueur ; un papillon qui passe, une mouche qui vole, suffisent pour le détourner de ses devoirs, de l'étude. Il se laisse aussi entraîner par les plus mauvais sujets de l'école; il a une ardeur pour le jeu qui finirait par détruire en lui l'amour des études et du bien. Oh ! je veillerai sur lui avec la sollicitude d'un père. Mais le voilà.

SCÈNE II

M. MALBELLE, BASTIEN *portant un tas de livres noués avec une ficelle*

M. MALBELLE

Eh! bonjour, mon petit Bastien; je vois avec plaisir que tu es exact ce matin à te rendre à l'école; hier il n'en fut pas de même : qu'as-tu fait pendant toute la journée?

BASTIEN *baissant la tête*

Hier... hier... M. Malbelle?

M. MALBELLE

Oui, hier, mon ami. Réponds sans crainte, je suis plutôt ton ami que ton juge. Parle, ne crains rien, mon enfant.

BASTIEN

Eh bien, hier, j'ai préféré jouer.

M. MALBELLE

Tu as la franchise de me l'avouer, c'est bien ; mais ce que je trouve très mal, c'est ce peu de goût pour tes devoirs, cette légèreté que tu montres depuis quelque temps dans toute ta conduite. Eh quoi! mon enfant, pour des récréations, des divertissements frivoles, tu sacrifies ton avenir, ton bonheur et celui de ta famille, qui place en toi seul son plus cher espoir! Dis-moi, Bastien, quand tu es de retour de tes excursions, où tu n'as recueilli que fatigue et déchirures, alors que se passe-t-il en toi?... Ne sens-tu pas, mon enfant, un poids qui oppresse ton cœur? Et lorsque ta tendre et crédule mère dépose sur ton front un baiser de satisfaction, ne se glisse-t-il pas un remords dans ton âme? des pleurs ne roulent-ils pas dans tes yeux? n'as-tu point honte et regret de la tromper? Dis.

BASTIEN, *ému*

Oui, M. Malbelle, j'ai alors regret de mes fautes.

M. MALBELLE

Eh bien, mon petit Bastien, pourquoi, puisque tu sens si bien tes torts, ne pas persévérer dans le louable désir d'être plus sage? L'habitude que l'on prend de ne point combattre ses mauvais penchants peut avoir de graves résultats, en ce que l'on devient faible et vicieux sans y songer. Je te l'ai dit bien des fois, Bastien, hors de la route de la religion et de la vertu, il n'y a que des écueils et d'affreux précipices. Me promets-tu, mon petit ami, de mieux veiller sur toi-même, afin de ne plus retomber dans ces fâcheux écarts que tu déplores toi-même ; me le promets-tu ?

BASTIEN, *pleurant*

Oh ! je vous le promets, M. Malbelle.

M. MALBELLE

Je compte sur ta parole. Je vais faire une visite pour une affaire, je ne serai pas longtemps, puis je me dirigerai vers la classe; ne tarde pas à m'y rejoindre. *A part :* Cet enfant est sensible. Oh ! je ne veux point le négliger, je veux qu'il soit un jour heureux; je veux lui devenir utile. *A Bastien :* Adieu donc, mon petit ami, à tantôt.

BASTIEN

Oh ! je me rends de ce pas à l'école. *M. Malbelle sort par la gauche de la scène.*

SCÈNE III

BASTIEN *seul*

Comme il est bon! quels tendres témoignages d'intérêt il ne cesse de me donner! et combien je suis indigne de sa tendresse! Il veut, m'a-t-il dit l'autre soir en confidence, faire quelque chose de moi. Ah! si par sa protection je pouvais arriver à soulager mes bons parents et à leur assurer une heureuse vieillesse! Quelle joie pénétrera mon cœur, lorsque je pourrai travailler pour mon père et pour ma bonne mère qui m'aiment tant! Oh! que le temps me semble long! je suis si petit encore, si ignorant surtout.... Il me faut de la persévérance, dit M. Malbelle : oh! j'en aurai; plus de jeux, plus de camarades; mes livres, mes devoirs, M. Malbelle l'a dit, voilà le bonheur.

SCÈNE IV

BASTIEN, UN ENFANT *avec un cerf-volant*

L'ENFANT, *montrant le cerf-volant*

Tiens, regarde donc, Bastien, comme il est beau. Oh! viens le voir voler dans la plaine; il fait du vent, il touchera les nues; viens.

BASTIEN

Laisse-moi, je vais à l'école.

L'ENFANT

Bah! l'école; fais comme moi, n'y va pas, le jeu vaut bien mieux!

SCÈNE V

BASTIEN; *une nuée d'enfants avec des casques en papier sur leur tête et des bâtons en guise de fusils*

UN ENFANT, *à Bastien*

Ah! te voilà; nous te cherchons partout, Bastien.

BASTIEN

Moi!

UN ENFANT

Oui, toi; sers de général à notre formidable armée.

BASTIEN

Laissez-moi, tentateurs, je vais aller en classe.

UN ENFANT

Allons donc, petit philosophe, quitte là tes livres, M. Malbelle n'en saura rien.

SCÈNE V

BASTIEN

Je vous dis, moi, qu'il sait tout, M. Malbelle, et il me grondera.

UN ENFANT

Bah! poltron; eh bien, quand il te donnerait quelques férules, quel malheur! Si tu savais quelle bonne partie! Nous nous proposons de donner une chasse aux poules et aux canards du père Brignole, tu sais, le vieux jardinier du château, qui craint toujours qu'on lui dévaste son parterre. Ah! je ris encore de sa colère d'hier. A lui seul, ce pauvre vieillard sans force s'imaginait nous vaincre tous; il me semble encore le voir brandissant son râteau au-dessus de sa tête pour nous effrayer.

UN AUTRE ENFANT

Et moi, j'entends encore ses cris : « C'est la peste, c'est la grêle, disait-il, que tous ces petits garçons-là. » Ah! s'il croit en être quitte à si bon marché envers nous.

UN AUTRE ENFANT

Viens, intrépide Bastien, mets-toi à la tête de notre bataillon, tu vas être notre général!

UN AUTRE ENFANT, *lui posant sur la tête un casque de papier orné d'une grosse plume de paon.*

Tiens, sois notre chef, et en avant, marchons! allons démolir la citadelle.

BASTIEN, *saisissant un bâton qu'on lui présente ; ses livres tombent par terre.*

En avant donc, au combat, marchons ! *Ils défilent tous deux à deux par la droite ; Marguery entre par la gauche.*

SCÈNE VI

MARGUERY *seul*

Pauvre Nicot, ça me fend le cœur, moi, et dire que je ne puis l'aider dans sa misère. Il faut avouer que s'il y a des gens qui sont humains, il y en a aussi qui oublient d'être compatissants. Mettre à la porte un si digne et si brave homme, et cela parce qu'il lui manque quelques piastres pour payer le loyer de sa baraque ! Oh ! oh ! il n'y a pas de cœur au fond de sa poitrine. Voir pleurer toute une famille, le père, la mère, et les petits enfants, sans que son âme soit émue ; c'est fini, M. Ravet est un homme dur et barbare ! A cette heure, je n'ai plus d'espoir qu'en M. Malbelle : il est si bon, lui ! peut-être obtiendra-t-il un délai pour Nicot ; je vais de ce pas tout lui conter. *Se retournant et apercevant les livres :* Tiens, des livres ! *Les feuilletant :* Je n'y connais rien, moi ;

du blanc et puis du noir. C'est malheureux d'être si ignorant ; et cependant, dans mon jeune âge, quand je n'étais qu'un moutard, si j'eusse écouté les sages avis de mes parents, je ne rougirais pas aujourd'hui de mon ignorance. Au lieu de suer en bêchant la vigne, j'aurais un bel emploi, j'aurais fait un bel esprit ; mais les enfants, ils passent leur jeunesse à jouer, et puis, quand ils sont hommes, quand ils sont vieux, ils gémissent et regrettent un temps mal employé. Mais je reste là à *philosopher*; courons chez M. Malbelle. Nicot ! Nicot ! puissé-je réussir ! *Il sort par la gauche, en portant les livres, et Brignole entre par la droite.*

SCÈNE VII

BRIGNOLE *seul*

Ah ! les méchants garnements ! je suis exaspéré !... Mais ça ne se conçoit pas ; c'est comme une nuée de sauterelles tombant sur un champ de blé ! Dévaster ainsi mon parterre, effrayer tous mes animaux ! Ah ! les coquins, pour le coup ils ont poussé ma patience à bout, et je crois que j'en ai blessé plusieurs ; ils n'y reviendront plus, je l'espère. Ah ! pensaient-ils peut-être, il est vieux; mais le vieux a de la force encore, de vigoureux poignets. Oh! voilà un de mes fuyards, c'est un soldat blessé; eh bien, on l'enverra aux Invalides!

SCÈNE VIII

BRIGNOLE, BASTIEN, *la tête enveloppée d'une bande*

BASTIEN, *pleurant sans voir Brignole*

Hi, hi, hi! que je suis malheureux, comme je souffre. Hi, hi, hi! que dira M. Malbelle... mes livres perdus.... *Cherchant* : Ils ne sont plus là.... perdus à jamais! *Apercevant Brignole* : Méchant homme, voyez le mal que vous m'avez fait; vous êtes bien content, n'est-ce pas? Vous pouviez me tuer?

BRIGNOLE, *à part*

C'est le petit de mon compère Nicot; je suis fâché que mes coups soient tombés sur lui, mais dans la mêlée on n'y voit pas. *Haut :* Et vous, Bastien, n'avez-vous pas de honte de vous mettre en tête d'un tas de petits vagabonds, pour tourmenter un homme paisible qui ne vous cherchait point? Oui, je pouvais vous faire beaucoup de mal, c'est vrai, car je tapais dru et fort; mais lequel de nous deux, Bastien, aurait été le coupable, si ce malheur fût arrivé?

BASTIEN

Taper avec un gros râteau, oh! c'est affreux. Hi, hi, mes livres perdus... mon pauvre père... M. Malbelle... Ah! je suis bien coupable!

BRIGNOLE

Oui, Bastien, ce n'est pas beau ce que vous avez fait là; vous, le fils d'un homme si estimé, si vertueux, aller sans cesse avec des petits bandits. Ah! Bastien, que cela vous serve de leçon, mon enfant!

BASTIEN

Oh! je souffre horriblement. Voyez, le sang coule, je crois; ô ciel! est-ce qu'il me manquerait une oreille? *Il relève sa bande.* Voyez, voyez; ah! sans le secours d'une femme charitable, j'aurais perdu tout mon sang. Ai-je mon oreille?

BRIGNOLE, *souriant*

Oui, mon enfant, vous les avez toutes deux. Je suis fâché, Bastien, que vous soyez devenu la victime de ma juste colère, parce que, voyez-vous, j'estime et j'aime votre père, et pour lui... j'en suis bien affligé!

BASTIEN

Ma mère! mon père! je n'oserai plus reparaître devant eux, et en cet état, je vais mourir ici, moi. Hi, hi, hi!

BRIGNOLE

Venez, Bastien; je vous conduirai chez vous, j'expliquerai tout, je demanderai votre grâce.

BASTIEN

Allez, allez, M. Brignole, à coup sûr je ne vous suivrai pas. Je ne sais que devenir. *A part :* Mes livres, mes livres. Ah! M. Malbelle, je suis bien indigne de votre amitié. *Il pleure.*

BRIGNOLE, *à part*

Et dire qu'à voir, à entendre ce petit garçon seul, c'est un ange; avec les autres, tous ensemble, c'est une troupe de petits démons. Pauvre Bastien! il n'est pas méchant; puis, je l'aime; je cours prévenir son père. *Il sort.*

SCÈNE IX

BASTIEN *seul*

Ah! Seigneur, Seigneur, ayez pitié de moi! Perdre ainsi mes livres…. et mon père qui a eu tant de peine à amasser l'argent pour me les acheter! Il me faudra donc renoncer aux études, rester ignorant toute ma vie? Comment oser dire à M. Malbelle : « Malgré vos sages recommandations et mes promesses, j'ai joué encore au lieu d'aller à l'école, j'ai perdu mes livres, je vous ai désobéi. » Oh! plutôt mourir là, tout seul, de mes blessures, de mon repentir. Ah! *Ecoutant :* Quelqu'un par ici, cachons-nous. *Il se blottit derrière une grosse pierre.*

SCÈNE X

MARGUERY, NICOT, BASTIEN *caché*

NICOT

Oui, mon ami, c'est ainsi que je te l'ai dit; je suis un homme perdu sans ressources; le propriétaire ne veut rien entendre. De l'argent! il me faut de l'argent! voilà ce qu'il me répond, il ne sort pas de là.

MARGUERY

Quel cœur impitoyable! Je ne puis rien t'avancer, mon pauvre Nicot. Oh! ça ne se conçoit pas; pour la bagatelle de trente francs, désobéir, désespérer toute une famille.

NICOT

Après tout, Marguery, cet homme est dans son

droit en exigeant son dû ; je suis malheureux, voilà tout.

BASTIEN, *à part*

Qu'entends-je ? j'ignorais tout cela. Mon père !

NICOT

Et c'est Bastien qui est la cause innocente de ce malheur. Figure-toi, Marguery, que j'avais amassé une somme de vingt francs ; je la destinais à mon loyer, lorsque M. Malbelle me demanda des livres utiles pour l'instruction de Bastien. Oh! pour tout le bien du monde je n'aurais pas voulu empêcher ce cher enfant de s'instruire. Bastien eut donc ses livres, c'est ce qui est cause....

BASTIEN, *à part*

Misérable que je suis, ils sont perdus !

MARGUERY

Et c'est ce soir que tu es obligé de quitter ta maison ? et où iras-tu ?

NICOT

Le sais-je, hélas ? sur le chemin, en plein air ; je n'ai que cet asile.

MARGUERY

Tout espoir n'est pas perdu, Nicot ; j'ai tout conté à M. Malbelle lui-même, et d'après l'intérêt qu'il te porte, j'espère qu'il arrangera tout. Mais il paraissait fâché ; Bastien n'était pas à l'école, et je ne sais si son absence d'aujourd'hui et le mécontentement que cela cause à M. Malbelle ne te seront pas funestes.

NICOT

Ah! Marguery, qu'as-tu fait? ami trop zélé, qu'as-tu fait? Oh! M. Malbelle était le dernier auquel j'aurais dû m'adresser; j'ai déjà reçu de lui tant de bienfaits. L'importuner encore! Qu'as-tu fait? qu'as-tu fait?

MARGUERY

Je t'ai vu si affligé. Oh! je t'en prie, ne te désole pas ainsi.

NICOT

Je te le demande : est-ce bien, cela? Et parce qu'un homme est bon et charitable, faut-il toujours l'accabler de demandes? Ah! Bastien, Bastien. Oh! je suis bien malheureux.

BASTIEN, *à part*

Je n'y tiens plus.

MARGUERY

Tiens, voilà notre homme.

NICOT

M. Ravet, juste Ciel!

SCÈNE XI

NICOT, MARGUERY, M. RAVET, BASTIEN
toujours caché

M. RAVET

Le temps se passe, Nicot; vous êtes-vous procuré l'argent que vous me devez?

NICOT

Monsieur, monsieur, ayez pitié de moi, de ma famille; je suis un honnête homme, tout le pays vous le dira; la récolte a manqué cette année, ma femme a été malade, monsieur; daignez m'accorder un petit délai, je vous paierai.

M. RAVET

Tout cela est bon, Nicot; mais je ne me paie point de promesses. J'ai besoin aussi, moi, vous ne connaissez pas mes affaires, rien ne m'oblige à vous les dire. Je ne puis attendre plus longtemps, il me faut mon argent, sinon, videz, videz le local.

NICOT

O Seigneur! Seigneur! venez à mon secours, puisque les hommes demeurent sourds à mes prières.

SCÈNE XI

BASTIEN, *s'élançant aux pieds de son père*

Père, père! oh! grâce, pardon!

NICOT

O Ciel! Bastien blessé. Oh! qu'as-tu, mon enfant? O Seigneur! vous m'envoyez de bien dures épreuves.

BASTIEN

Calmez-vous, je n'ai rien, c'est une égratignure. *Se tournant vers M. Ravet :* Ah! monsieur, les larmes d'un enfant, sa profonde douleur ne pourront-elles point toucher votre âme? Ne chassez pas mon père de chez vous; où voulez-vous qu'il aille, monsieur? C'est à l'achat de livres pour moi qu'il a employé l'argent qui vous était destiné; eh bien, j'acquitterai sa dette : vous le voyez, il le faut, je le dois. Allez, j'ai de la force, du courage, quoique je sois bien petit, bien jeune. Vous avez besoin, m'a-t-on dit, d'un gardeur de moutons, de vaches; eh bien, je renonce aux études, je ne serai pas un savant, mais je serai un homme utile, utile à mon père, c'est mon devoir. *Ici M. Malbelle paraît et reste dans le fond à écouter.* Prenez-moi, je me donne à vous, je vous servirai bien, vous serez content de moi. En deux mois de travail, mon père sera libéré.

Oh! dites, le voulez-vous? Dites donc oui, dites que vous acceptez, et partons, partons !

NICOT, *à part*

Cher enfant, quel noble dévouement !

MARGUERY

Ce petit Bastien m'attendrit.

SCÈNE XII

NICOT, MARGUERY, M. RAVET, BASTIEN, M. MALBELLE

M. MALBELLE, *à Bastien*

Et moi, je vous défends de partir, Bastien.

BASTIEN, *à part*

Ciel ! il était là ; il a tout entendu.

M. MALBELLE

Bastien, votre conduite est affreuse, et ne mériterait aucun pardon, sans l'élan généreux que vous venez de montrer. Voyez, malheureux enfant, dans quel état vous êtes ; voyez, vous êtes blessé ; voyez votre père accablé par la douleur, sans compter l'affliction que vous portez à mon cœur. Brignole m'a tout dit ; je sais tout. Qu'avez-vous fait de vos livres? Ils sont perdus. Oui, vos livres sont perdus ! Des livres dont l'achat réduit votre père à quitter un toit qui l'abritait depuis vingt ans. Ah! malheureux ! l'oubli du devoir entraîne une foule de malheurs.

BASTIEN, *aux pieds de M. Malbelle*

Oh! je suis coupable, et c'est pour me punir de mes fautes que je veux m'éloigner à jamais de vous, de mon père, de vous deux que j'aime d'une égale tendresse. *A M. Ravet :* Oh! emmenez-moi, monsieur, je suis indigne de leurs bontés ?

M. MALBELLE, *bas à M. Ravet*

Le prix de la location de Nicot est chez vous, monsieur.

M. RAVET, *à M. Malbelle*

C'est bien. *A Bastien :* Je n'ai que faire de toi, mon pauvre garçon.

BASTIEN

O mon Dieu! tout le monde me repousse ; la leçon est dure, mais j'en profiterai. *Tombant aux pieds de M. Malbelle :* Oh! pardonnez-moi, monsieur; que j'emporte au moins en fuyant votre pardon, votre amitié ; allez, je n'en suis pas indigne, je me repens, oui, je suis repentant, humilié! grâce! oh! grâce, pardonnez au pécheur repentant, je vous promets de ne plus affliger votre cœur.

M. MALBELLE, *ému*

Eh bien, je crois à ton repentir, Bastien, relève-toi, je pardonne. Mais songe bien que c'est pour la dernière fois. Vois, en un jour, que de douleurs t'ont assailli; vois, mon enfant, combien un seul écart peut entraîner de graves conséquences : tu m'as affligé, tu as perdu tes livres, tu as redoublé le chagrin de ton pauvre père, et tout cela, mon ami, pour suivre de méchants enfants, indisciplinables, qui exposaient ta vie, sans compter qu'ils finiraient par t'égarer de la vraie route, et que, suivant leurs mauvais principes, tu serais à jamais perdu pour ce monde et pour l'autre.

BASTIEN

Oh! c'est fini, je ne le suivrai de ma vie! Comment pourrai-je réparer mes torts? Repoussé de tout le monde, sans appui, sans asile, sans moyen de venir en aide à mon bon père, si malheureux par ma faute.

NICOT

Mon cher enfant, ton repentir me touche, Dieu aura pitié de nous; il me reste deux bras pour

SCÈNE XII

travailler; le peu que je gagnerai, je le partagerai avec toi.

BASTIEN

O mon bon père! je suis indigne de vous donner ce doux nom. Si du moins je pouvais retrouver mes livres, acquis au prix de tant de sueurs, avec quelle ardeur je m'appliquerais désormais à l'étude!

MARGUERY

Vos livres, je les ai; ils sont à la maison.

BASTIEN

Ah! quel bonheur inattendu! Marguery, c'est bien cruel de ne pas m'avoir dit cela plus tôt. Ah! je réparerai mes torts; j'étudierai tant, que je pourrai bientôt soulager mon bon père.

M. RAVET, à *Nicot*

Nicot, M. Malbelle a payé votre dette; vous pouvez rester en paix chez vous.

NICOT

Qu'entends-je? Ah! monsieur, que de bontés!... ma reconnaissance....

M. MALBELLE

Faire le bien quand on le peut, c'est une douce satisfaction pour soi; la véritable récompense est là-haut.

CHARLES

ou

L'ENFANT JALOUX

PERSONNAGES :

M. DE SANCY.
CHARLES, } ses fils.
FÉLIX,
M. LAMBERT, instituteur.
PIERRE, vieux domestique.
Dix enfants invités.

La scène représente un salon de campagne. Une table, sur laquelle sont des rôtis, recouverte d'une nappe; une bibliothèque remplie de livres; portes au fond; portes latérales.

CHARLES

ou

L'ENFANT JALOUX

―――――――◆――――――――

SCÈNE I

M. DE SANCY *seul*

C'est aujourd'hui l'anniversaire de la naissance de mon Félix ; j'ai invité pour célébrer cette fête ses meilleurs amis. Ce cher enfant, il ne cesse de combler mon cœur de satisfaction, n'est-il pas juste de le récompenser ? Comme il sera joyeux, au milieu de ses jeunes compagnons, en leur montrant sa bibliothèque, qui renferme de si beaux livres ! Il ne l'a point vue encore, elle va lui causer une agréable surprise ; et puis ce déjeuner, dont il fera les honneurs ! Ah ! si l'aspect du bonheur que Félix me procure pouvait opérer un salutaire changement dans le caractère de Charles, s'il pouvait enfin comprendre qu'un père attend ses plus douces jouissances de ses enfants, de leur vertu, de leur sagesse! Mais, hélas! Charles est jaloux, jaloux de ma tendresse pour Félix. Que ne cherche-t-il plutôt à mériter des encouragements et des récompenses par sa bonne conduite? Mais non, il me faut user envers lui de sévérité, il me faut lui adresser des reproches, lorsque, réunis près de moi, j'aimerais tant à les presser tous deux sur mon cœur.... Mais, avant le déjeuner, il me faut donner quelques ordres. *Il sort.*

SCÈNE II

CHARLES *seul*

Ah! mon père est sorti; bon, je puis exécuter mon projet... Ah! M. Félix, je ne pourrais être le témoin de votre triomphe pendant tout le jour; un déjeuner, une bibliothèque, tout cela pour lui... et moi, rien... L'entendre louer devant nos amis! Oh! non, non, je troublerai cette fête par mon absence; elle sera sans gaieté, car Félix m'aime, ils m'aiment tous ici ; mon père sera désolé de ma fuite, l'on me cherchera partout, et je serai bien loin ; je vais emporter de quoi manger. Ah ! la bonne pensée, une pièce de volaille, par exemple, oui, c'est ça. *Il lève la nappe et prend une dinde.* Ah ! j'entends la voix de mon père, il est avec son cher Félix ; passons par là, afin de ne pas le rencontrer. *Il sort emportant la dinde dans son mouchoir.*

SCÈNE III

M. DE SANCY, FÉLIX

M. DE SANCY

Tiens, Félix, le voilà ce cadeau que je te réservais en récompense de ta bonne conduite.

FÉLIX

O mon père, c'est trop de bonté ; combien je suis heureux et reconnaissant !...

M. DE SANCY

Tes amis sont prévenus, ils vont arriver.

FÉLIX

Quelle heureuse journée !

SCÈNE IV

M. DE SANCY, FÉLIX, LES ENFANTS INVITÉS

UN ENFANT

Fidèles à votre bienveillante recommandation, monsieur, nous voilà. C'est donc ton anniversaire que nous allons célébrer, mon cher Félix.

FÉLIX

Oui, mes amis ; voyez combien mon père est bon pour moi, voyez cette charmante bibliothèque, tous ces beaux livres richement reliés ! *Tous les enfants feuillettent les livres.*

UN ENFANT

Nos meilleurs auteurs de morale et de religion ! Que tu es heureux de posséder ce trésor !

SCÈNE V

M. DE SANCY, FÉLIX, LES ENFANTS INVITÉS, PIERRE

PIERRE

Faut-il mettre la table, monsieur?

M. DE SANCY

Oui, Pierre ; car la course matinale qu'ils ont faite doit avoir excité l'appétit de mes jeunes convives.

PIERRE

Et M. Charles n'est point là ?

UN ENFANT

C'est vrai ; je ne m'étais pas aperçu de son absence.

UN AUTRE ENFANT, *à part*

Il est si taquin, si querelleur, si jaloux! je n'en suis pas fâché, moi.

M. DE SANCY

Il est pourtant prévenu de l'heure du déjeuner. Tu l'avertiras, Pierre.

PIERRE, *après avoir posé la table au milieu du salon*

Je cours le chercher. *Il sort.*

SCÈNE VI

M. DE SANCY, FÉLIX, LES ENFANTS INVITÉS

M. DE SANCY

Allons, mes enfants, mettons-nous à table. *Ils*

s'asseient tous. Mais je ne vois pas la dinde... Pierre a sans doute oublié....

SCÈNE VII

M. DE SANCY, FÉLIX, LES ENFANTS INVITÉS, PIERRE

PIERRE

M. Charles n'est nulle part, monsieur.

FÉLIX

Oh! nous ne pouvons déjeuner sans mon frère.

M. DE SANCY

Tu as oublié la dinde, Pierre; va donc la chercher.

PIERRE

La dinde! Que dites-vous là, monsieur? mais je l'avais mise sur la table avec le reste; tenez, voilà bien le plat; mais il est vide; je vous assure, monsieur, que je l'ai apportée sur la table.

M. DE SANCY

Eh bien, elle n'y est plus! *A part :* Serait-ce Charles? Oh! mais cela n'est pas possible... tant d'impudence!

SCÈNE VII

UN ENFANT

Oh! il y a tant d'autres choses; nous nous passerons bien de la dinde.

UN AUTRE ENFANT

Il ne faut pas que la perte d'une dinde nous fasse aussi perdre notre gaieté.

FÉLIX

Oh! moi, c'est l'absence de Charles qui m'afflige, voulez-vous me permettre, mon père, d'aller le chercher?

M. DE SANCY

Reste, mon enfant; Charles était prévenu, tant pis pour lui.

PIERRE

Moi, je n'en reviens pas, de cette dinde enlevée; le chat n'aurait pas précisément pris la plus grosse pièce, et les perdreaux, qui sont là sur le bord de la table, auraient bien mieux fait son affaire. D'ailleurs, j'avais eu soin de fermer la porte.

M. DE SANCY

Sois tranquille, Pierre; je soupçonne quel peut être le chat.

PIERRE

Moi, je m'y perds.

UN ENFANT

Et moi, je trouve le déjeuner excellent sans la dinde. A la santé de notre cher Félix !

UN AUTRE ENFANT

Oui, buvons tous à sa santé !

UN AUTRE

Puisses-tu, Félix, nous réunir dans cinquante ans d'ici pour célébrer ton anniversaire !

FÉLIX

Merci, mes amis, de vos bons souhaits.

SCÈNE VIII

M. DE SANCY, FÉLIX, LES ENFANTS INVITÉS, PIERRE, M. LAMBERT

M. DE SANCY

Ah ! voici M. Lambert.

FÉLIX

C'est notre digne instituteur.

M. LAMBERT

Pardonnez-moi, monsieur, de vous déranger

au milieu d'une fête chère à votre cœur, et surtout pour vous demander la grâce d'un coupable. Oh ! il ne retombera plus dans ses fautes.

M. DE SANCY

Un coupable... je devine.

FÉLIX, *à part*

O Ciel ! serait-ce Charles ?

M. LAMBERT

Aujourd'hui, jeudi, dégagé de tout soin de ma classe, j'étais allé me promener. Tout à coup s'offre à moi une bande d'enfants du hameau ; ils jouaient, comme de petits vagabonds, en se lançant des pierres. Ce jeu finit bientôt par dégénérer en querelles, et quelques-uns tombèrent sous les coups de leurs compagnons. J'approche, car mon intervention me semblait nécessaire, et jugez de ma surprise, en voyant parmi ces enfants indisciplinés un de mes élèves, votre fils, monsieur !

TOUS

Charles !

FÉLIX

Mon frère ! ô Ciel !

M. DE SANCY

Malheureux enfant !

M. LAMBERT

Oui, votre fils, monsieur; autour de ces enfants étaient les débris d'une volaille.

PIERRE, *à part*

Ah! c'était le chat dont parlait monsieur.

UN ENFANT, *à part*

Ah, ah, ah! c'était notre dinde assurément.

M. LAMBERT

M. Charles, après avoir partagé sa volaille avec cette troupe joyeuse, à laquelle il s'était si témérairement adjoint pour se distraire, était subitement devenu la victime de ces petits polissons; il était couché sur l'herbe, et le sang coulait d'une blessure que lui avait faite une pierre.

M. DE SANCY

Que dites-vous? il est blessé... achevez, monsieur.

M. DE SANCY

Oh! fort légèrement; je vous assure; ce n'est presque plus rien, et c'est au milieu de ses sanglots et de son repentir qu'il m'a avoué ses torts. Il a appris aujourd'hui, par expérience, ce qu'il peut en coûter lorsque l'on est assez faible pour suivre une mauvaise inspiration, lorsque enfin l'on s'écarte du devoir; il avoue hautement une injuste jalousie contre un frère vertueux et qui l'aime; il sent que Dieu l'a puni, et il n'aspire plus qu'au bonheur de lui demander pardon et de le serrer contre son cœur.

FÉLIX

Ah! qu'il se jette dans mes bras; cher et bien-aimé Charles! Mon père, mon père, daignez lui pardonner!

M. LAMBERT

Je me joins à M. Félix pour implorer sa grâce; il est si malheureux, si repentant!

M. DE SANCY

Qu'il vienne, je lui pardonne.

SCÈNE IX

M. DE SANCY, FÉLIX,
LES ENFANTS INVITÉS, PIERRE,
M. LAMBERT, CHARLES

CHARLES, *tombant à genoux auprès de
M. de Sancy*

J'étais à la porte, j'ai tout entendu; oh! merci, merci, mon généreux père. *Se précipitant au cou de Félix :* Ah! plus de jalousie, frère ; je chercherai à t'imiter.

M. DE SANCY

Et alors, mon enfant, j'espère célébrer ton anniversaire, comme nous célébrons aujourd'hui celui de Félix.

L'ÉPÉE

PERSONNAGES :

M. RONVAL.

HENRI, } ses fils.
AUGUSTE, }

RENAUD aîné.

RENAUD cadet.

DUPRÉ aîné.

DUPRÉ cadet.

CHAMPAGNE, domestique.

L'ÉPÉE (1)

SCÈNE I

AUGUSTE *seul*

Ah! c'est aujourd'hui ma fête! cela me vaudra encore quelque chose de mon papa. Il faudra que je joue bien mon rôle pour qu'il soit généreux. Champagne avait quelque chose sous son habit, lorsqu'il est rentré tout à l'heure. Ah! s'il ne fallait pas aujourd'hui faire mon personnage, je lui aurais bien fait montrer de force ce qu'il portait. Mais, chut, je vais le savoir; voici mon papa.

(1) Cette petite pièce de Berquin a été modifiée de manière à pouvoir être représentée sans inconvénient dans les pensionnats.

SCÈNE II

M. RONVAL *tenant à la main une épée avec un ceinturon*, AUGUSTE

M. RONVAL

Te voilà, Auguste; j'ai déjà eu le plaisir de t'annoncer ta fête; mais ce n'est pas assez, n'est-ce pas?

AUGUSTE

Oh! mon papa. Mais qu'avez-vous donc à la main?

M. RONVAL

Quelque chose que tu désires depuis longtemps. Une épée, vois-tu?

AUGUSTE

Quoi! c'est pour moi? Oh! donnez, donnez, mon père; je veux être à l'avenir si obéissant, si appliqué....

M. RONVAL

C'est dans l'espoir que tu tiendras enfin tes promesses, que je te la donne.

AUGUSTE

Quel bonheur! mes petits camarades auront maintenant une haute opinion de moi.

M. RONVAL

Défie-toi de ton orgueil, Auguste, et songe que je demande de toi de bonnes manières envers tes camarades et tes inférieurs; autrement, tu serais indigne du présent que je te fais. Voici ton épée ; mais souviens-toi....

AUGUSTE

Oh ! je n'oublierai pas toutes vos recommandations, vous verrez. *M. Ronval l'aide à ceindre l'épée.*

M. RONVAL

Allons, cela te va à merveille. Je viens de faire inviter ta petite société. Songe à te bien comporter.

SCÈNE III

AUGUSTE seul. *Il se promène avec gravité, et regarde de temps en temps derrière lui pour s'assurer si son épée le suit*

Bon ! je peux passer maintenant pour un chevalier. Que ces messieurs viennent, ils sauront à qui ils ont à faire. Plus de familiarité avec moi; et s'ils le prennent de travers, allons, flamberge au vent! Voyons d'abord si elle a une bonne lame. *Il tire son épée et prend un air terrible.* Je crois que tu te moques de moi, mon petit faquin. Allons, en garde. Une, deux! Ah! tu veux te défendre? je veux t'enseigner comment on mord la poussière.

SCÈNE IV

AUGUSTE, HENRI

HENRI, *qui a entendu les derniers mots, pousse un cri*

Eh bien, Auguste, es-tu fou?

AUGUSTE

C'est toi, mon frère?

HENRI

Oui, comme tu vois. Mais que fais-tu de cet outil-là?

AUGUSTE

Ce que j'en fais? ce qu'un homme de cœur doit en faire.

HENRI

Et quel est celui que tu veux renvoyer de ce monde?

AUGUSTE

Le premier qui s'avisera de croiser mon chemin.

HENRI

Il est bon de prendre le large.... Voilà bien des vies en danger.

AUGUSTE

Ne raille pas, Henri; je ne te le conseille pas. Je saurai me faire respecter....

HENRI

Et tu voudras bien m'enseigner ce qu'il faut faire pour se conduire respectueusement envers toi?

AUGUSTE

D'abord, j'exige qu'on me fasse de profonds saluts.

HENRI, *lui faisant d'un air moqueur une révérence jusqu'à terre*

Votre serviteur très humble, monseigneur mon frère.

AUGUSTE

Point de moquerie, Henri, s'il te plaît....

HENRI

Comment oserait-on se moquer d'un si grand personnage?... Il faudra avoir soin d'avertir nos petits amis.

AUGUSTE

Sois tranquille, je m'en charge. Je saurai bien mettre ces petits drôles à la raison.

HENRI

Je vois bien que désormais tout le monde devra baisser pavillon devant toi. Mais, Auguste, il manque quelque chose de fort essentiel à l'ornement de ton épée.

AUGUSTE

Eh! quoi donc? *Il détache son ceinturon et regarde l'épée de tous les côtés.* Je ne vois pas qu'il y manque quelque chose.

HENRI

Oh! tu es un habile chevalier. Et une rosette? Ah! comme un nœud bleu et argent irait bien sur cette poignée!

AUGUSTE

Tu as raison. Oh! si j'avais un beau nœud!

HENRI

Veux-tu que je me charge de le demander à maman?

AUGUSTE

Ce serait joli de ta part.

HENRI

Pourvu qu'en récompense tu ne me portes pas quelque coup d'estramaçon.

AUGUSTE

Allons donc; voici ma main, tope là. Mais vite, un nœud magnifique. Quand nos petits mirmidons arriveront, je veux qu'ils me trouvent dans toute ma gloire.

HENRI

Donne, j'y cours.

AUGUSTE, *lui donnant son épée*

Tiens, la voici; dépêche-toi. Tu la mettras dans ma chambre, sur la table, pour que je la trouve au besoin.

SCÈNE V

AUGUSTE, HENRI, CHAMPAGNE

CHAMPAGNE

Les deux messieurs Dupré et les deux messieurs Renaud sont en bas.

AUGUSTE

Qu'ils montent.

CHAMPAGNE

Madame votre mère m'a ordonné de vous dire de les venir joindre.

AUGUSTE

Ils valent bien la peine de tant de cérémonies. Mais ce n'est pas le moment de désobéir. A

Henri : Et toi, que fais-tu là? et mon nœud d'épée? Va, cours, et que je la trouve tout arrangée sur ma table. *Il sort avec Champagne.*

SCÈNE VI

HENRI *seul*

Par bonheur, j'ai l'épée. J'ai cru, pour un moment, qu'il allait enfiler son très cher frère. Mon pauvre Auguste, si mon père te savait aussi hautain et aussi querelleur, il ne t'aurait pas fait un présent aussi dangereux. Il faut que j'aille l'avertir.... Ah! le voici.

SCÈNE VII

M. RONVAL, HENRI

HENRI

Mon papa, je courais vous chercher.

M. RONVAL

Qu'as-tu donc de si pressé à me dire?... Mais que fais-tu de l'épée de ton frère?

HENRI

Je lui ai promis de mettre un beau nœud, mais c'était pour la lui tirer des mains. Oh! je vous en prie, ne la lui rendez pas.

M. RONVAL

Pourquoi reprendrais-je un cadeau que je lui fait ?

HENRI

C'est qu'il est si turbulent. Je l'ai trouvé ici, comme don Quichotte, s'escrimant tout seul d'estoc et de taille, et menaçant de faire ses premières armes contre ses camarades qui viennent le voir.

M. RONVAL

Le petit écervelé ! S'il veut s'en servir pour ses premiers exploits, ils ne tourneront pas à sa gloire. Donnez-moi cette épée.

HENRI, *lui donnant l'épée*

La voici, je l'entends sur l'escalier.

M. RONVAL

Sortons ensemble.

SCÈNE VIII

AUGUSTE, LES DEUX DUPRÉ, LES DEUX RENAUD. *Auguste entre le premier, le chapeau sur la tête; les autres marchent derrière lui la tête découverte*

DUPRÉ AÎNÉ, *bas à Renaud aîné*

Voilà une réception bien polie.

RENAUD AÎNÉ

C'est probablement la mode aujourd'hui.

AUGUSTE

Que bredouilles-tu là?

DUPRÉ

Ce n'est pas à vous que je parlais.

AUGUSTE

Est-ce quelque chose que je ne peux entendre?

RENAUD AÎNÉ

Cela pourrait être.

AUGUSTE

Eh bien, je veux le savoir.

RENAUD AÎNÉ

Il faudrait auparavant que vous eussiez le droit de me le demander.

DUPRÉ AÎNÉ

Doucement, Renaud; M. Ronval est chez lui.

RENAUD AÎNÉ

C'est une raison de plus pour n'être point impoli.

AUGUSTE

Impoli! apprenez que c'est déjà beaucoup d'honneur pour vous que je vous reçoive.

DUPRÉ AÎNÉ

Pourquoi donc nous faire inviter?

SCÈNE VIII

AUGUSTE

Ce n'est pas moi qui vous ai fait venir; c'est mon papa.

RENAUD AÎNÉ

En ce cas, allons de ce pas remercier M. Ronval de ses attentions pour nous, et lui faire connaître la bonne réception que nous réservait M. son fils.

AUGUSTE, *un peu effrayé*

Bah! tu prends les choses trop au sérieux. C'est aujourd'hui ma fête; restez, nous allons bien nous amuser.

RENAUD AÎNÉ

A la bonne heure; mais soyez à l'avenir plus poli.

DUPRÉ AÎNÉ

Calme-toi, Renaud; il faut rester bons amis.

DUPRÉ CADET

C'est donc votre fête, aujourd'hui, M. Auguste; je vous offre mon compliment.

RENAUD CADET

Et moi aussi; vous devez avoir reçu de bien jolis cadeaux?

DUPRÉ CADET

Bien des bonbons!

AUGUSTE

Des bonbons! j'en ai tous les jours plus que je n'en peux manger.

RENAUD CADET

De l'argent, je parie; deux ou trois écus au moins.

AUGUSTE

Me prenez-vous pour un enfant? on m'a donné quelque chose que moi seul ai le droit de porter.

RENAUD CADET

Je pense bien que si on me donnait la même chose, je saurais la porter comme un autre.

AUGUSTE, *d'un air de pitié*

Pauvre moutard! *Aux deux aînés qui parlent bas entre eux :* Que marmottez-vous entre vous deux? vous devez songer à nous amuser. Oh! voilà Champagne avec des confitures. Allons, prenez des sièges et asseyez-vous. *Champagne dépose des fruits confits sur la table et se retire; Auguste en donne un peu aux petits, et s'en sert si copieusement, qu'il n'en reste plus pour les deux aînés.* On nous servira autre chose.

RENAUD AÎNÉ

Nous n'avons besoin de rien.

AUGUSTE

Vous en prendrez, ou vous n'en prendrez pas, entendez-vous?

RENAUD AÎNÉ

Oui, cela est assez clair; et je ne m'attendais pas, malgré que je dusse bien vous connaître, à avoir affaire à un jeune homme aussi grossier, puisqu'il faut trancher le mot.

AUGUSTE

Moi grossier! je vais t'apprendre à qui tu as affaire. *Il sort brusquement.*

SCÈNE IX

LES DEUX RENAUD, LES DEUX DUPRÉ

DUPRÉ AÎNÉ

Renaud, qu'as-tu fait? il va trouver son père, lui dire mille mensonges et nous donner tous les torts.

RENAUD AÎNÉ

Je ne crains rien. J'irai moi-même trouver M. Ronval; c'est un homme juste, et il saura bien discerner de quel côté sont les torts.

SCÈNE X

LES DEUX RENAUD, LES DEUX DUPRÉ, AUGUSTE, *puis* M. RONVAL. *Auguste rentre précipitamment tenant sa main à la garde de son épée. Les deux petits courent se cacher derrière des meubles. Les deux aînés l'attendent de pied ferme*

AUGUSTE, *à Renaud aîné*

Allons ! je vais t'apprendre, insolent.... *Il dégaine, et au lieu d'une épée, il tire du fourreau une longue plume de dindon. Il s'arrête confondu. Les deux petits poussent un grand éclat de rire et se rapprochent.*

RENAUD AÎNÉ

Avancez donc, M. le chevalier sans peur. Montrez votre vaillance.

DUPRÉ AÎNÉ

N'ajoute pas à sa honte.

DUPRÉ CADET

Il ne fera de mal à personne avec ses armes si terribles !

RENAUD AÎNÉ

Nous pourrions lui donner une bonne leçon ; mais je rougirais de ma vengeance.

SCÈNE X 151

DUPRÉ AÎNÉ

Venez, mes amis; il faut le laisser s'escrimer tout seul.

RENAUD AÎNÉ

Adieu, M. le chevalier à l'épée de plume.

DUPRÉ CADET

Je ne reviendrai que lorsqu'il sera désarmé ; il est trop redoutable !

RENAUD AÎNÉ

Allons toutefois nous expliquer avec M. Ronval; les apparences seraient contre nous.

DUPRÉ CADET

Tu as raison. Que pourrait-il penser si nous sortions de sa maison sans prendre congé?

M. RONVAL, *entrant*

Qu'est-ce donc que j'entends, messieurs? *Les sanglots empêchent Auguste de répondre.*

RENAUD AÎNÉ

Pardonnez, monsieur, le désordre dans lequel nous paraissons à vos yeux.

M. RONVAL

Rassurez-vous, mon cher ami; je suis instruit de tout, et j'ai entendu les indignes propos de mon fils. Il est d'autant plus coupable qu'il venait de me faire les plus belles promesses. Il y a longtemps que je soupçonnais son impudence, mais je voulais voir par moi-même à quel excès il pouvait la porter. De crainte qu'il n'arrivât quelque malheur, j'ai mis, comme vous le voyez, à son épée, une lame qui ne fera jamais couler de sang.

RENAUD AÎNÉ

Permettez-nous, monsieur, de nous retirer. Notre compagnie pourrait n'être pas agréable à M. votre fils.

M. RONVAL

Non, non, restez, mes chers enfants; vous pouvez vous divertir ensemble, et Henri aura soin de pourvoir à tout ce qui pourra vous amuser. Venez avec moi dans un autre appartement.

TOUS

Oh! monsieur, laissez venir avec nous M. Auguste, il ne fera plus le rodomont.

M. RONVAL

Je n'y consens qu'à la condition qu'il portera pendant toute la journée son épée de plume.

ADOLPHE

ou

L'ARROGANT PUNI

PERSONNAGES :

M. CLIFFORT,
CHARLES, } ses enfants.
ARMAND,
EDOUARD, } camarades de classe de Charles.
ADOLPHE,
PIERRE, paysan, filleul de M. Cliffort.
SIMPSON, colporteur.
PETIT DICK, son neveu.
Un laquais de M. Cliffort.

ADOLPHE

ou

L'ARROGANT PUNI

―――――

SCÈNE I

CHARLES, ARMAND

CHARLES

Il y a longtemps, mon cher Armand, que nous n'avons eu le plaisir de faire une promenade ensemble. Arrêtons-nous un moment sous ces arbres et causons à notre aise, tandis que nos camarades de classe s'amusent ailleurs. Sais-tu que je suis tenté d'envier ton sort? Tu as une complexion faible, tu es souvent malade; mais, en revanche, notre bon-papa te garde près de lui, et tu n'es pas obligé de passer onze mois de l'année dans le triste séjour auquel on donne le nom de collège.

ARMAND

Tu ne vois, Charles, que le revers de la médaille, et tu ne me parles pas de ces joyeuses vacances dont tu sais si bien jouir. Depuis que tu es ici, tu fais tout ce qu'il te plaît, et je t'assure qu'il suffit de deux ou trois écoliers en vacances pour mettre une maison sens dessus dessous.

CHARLES

C'est donc à dire, mon petit Armand, que tu voudrais déjà me renvoyer au collège.

ARMAND

Non, pas toi. Car, quoique tu sois aussi étourdi que les autres, tu sais que je t'aime sincèrement; mais pourquoi amener sans cesse tes camarades de classe? Ils font tant de bruit, et cela me prive du plaisir d'être avec toi.

CHARLES

A la bonne heure, je ne puis me fâcher d'un reproche aussi aimable; mais rassure-toi, mon petit Armand, nous trouverons sans peine des occasions de nous réunir, et je suis sûr que tu n'auras aucune raison de te plaindre de mes jeunes amis.

ARMAND

A dire vrai, je dois avouer que M. Edouard

me plaît beaucoup ; j'aime son caractère, et je suis convaincu qu'il t'est sincèrement attaché.

CHARLES

Oh ! je crois qu'il se jetterait dans le feu et dans l'eau pour moi.

ARMAND

C'est bien là l'opinion que je m'étais formée de lui. Quant à M. Adolphe, je le crois d'un caractère bien différent. Il est froid, très sérieux pour son âge ; et quoiqu'il affecte une très grande politesse, il y a quelque chose dans sa conduite qui me fait penser qu'il se croit intérieurement au-dessus des autres.

CHARLES

Tu as deviné parfaitement juste. Adolphe est en effet si orgueilleux, qu'au collège nous lui avons donné le sobriquet de *Monseigneur*.

ARMAND

Et quelle raison a-t-il donc d'être orgueilleux ? surpasse-t-il les autres jeunes gens de sa classe ?

CHARLES

Nullement. Il ne montre pas plus d'habileté que les autres et n'a pas lieu de se vanter à cet égard ; mais il appartient à une famille du plus haut rang ; son père est un gentilhomme opulent, qui possède de grands biens dans le Yorkshire, où il demeure.

ARMAND

Tant mieux pour lui; mais je ne vois pas qu'il y ait grand mérite à proclamer si haut sa grande fortune.

CHARLES

Tu as raison. Aussi la plupart de nos camarades s'amusent à ses dépens, lorsqu'il tâche de se donner de grands airs.

ARMAND

J'en ferais bien volontiers autant; mais voici précisément tes deux amis; ils parlent avec tant de chaleur, qu'on croirait qu'ils se disputent.

SCÈNE II

ARMAND, CHARLES, ADOLPHE, ÉDOUARD

ÉDOUARD, *à Adolphe*

Pour moi, je soutiendrai que c'est tout à fait intolérable et qu'une délicatesse aussi déplacée devient ridicule.

ADOLPHE

Dans votre situation, vous pouvez peut-être penser ainsi : mais je vois la chose sous un autre point de vue; et vous savez que le point de vue varie suivant la situation où l'on est.

ÉDOUARD

Que voulez-vous dire avec votre point de vue et votre position ?

ADOLPHE

Vous n'exigerez pas de moi une explication sur cela ; je présume que vous me comprenez.

CHARLES

Que se passe-t-il donc, mes chers camarades, et d'où vient cette altercation ?

ARMAND

Vous semblez fort agité, M. Edouard.

ÉDOUARD

Ce n'est pas sans raison, je vous assure. Nous avons pensé à nous divertir au jeu des quatre coins. Vous savez qu'il faut être cinq, et nous n'étions que quatre, en vous comptant. A peu de distance de l'avenue, j'aperçus un jeune paysan ; il nous dit qu'il était filleul de M. Cliffort. Je lui demande alors de venir jouer avec nous, ce qu'il accepte avec joie ; mais voilà que M. Adolphe se fâche, s'écriant hautement qu'il serait indécent pour nous de nous associer à des campagnards, et enfin il traita si mal le pauvre garçon, que celui-ci s'en alla tout honteux et tout triste.

CHARLES

Vous avez eu tort, Adolphe ; ce jeune paysan

se nomme Pierre, ses parents sont très est[...]
et mon père ne voit aucun inconvénient à c[...]
joue avec moi.

ADOLPHE

Que dites-vous ? comment est-il possibl[...]
M. Cliffort puisse protéger l'intimité de s[...]
avec des personnes d'une condition aussi [infé]-
rieure ?

ARMAND

Mon père ne pense pas qu'il soit inconv[...]
de nous permettre de jouer avec Pierre, q[...]
d'ailleurs un garçon fort estimable.

ADOLPHE

Si j'avais su que, dans votre famille, vou[...]
siez si peu attentifs à ces convenances, je [...]
serais pas permis de renvoyer Pierre. Dans [...]
canton, nous sommes extrêmement scrupul[...]
cet égard, et je ne croyais pas, en agissant [...]
déplaire à M. Cliffort.

ÉDOUARD

En ce cas, je suppose que votre canton [...]
mille de grands seigneurs ; car autrement [...]
seriez souvent réduit à jouer tout seul.

ADOLPHE

Vous pouvez me railler autant qu'il vous p[...]
Edouard ; mais je puis vous dire que je ne [...]

drais pas être vu en compagnie avec le fils d'un marchand; mon oncle le duc serait bien irrité, j'en suis sûr. Je ne dis point ceci cependant pour vous mortifier.

CHARLES

Je veux bien le croire, Adolphe; en même temps, je crois que vous auriez dû vous abstenir de faire une telle réflexion. Edouard est mon ami aussi bien que vous, et quelle que soit la profession de son père, il serait inconvenant à vous de lui en faire un reproche.

ÉDOUARD

Laissez-le dire, Charles; je vous assure que je ne suis nullement blessé de ses paroles. Je ne suis point honteux de mon père; je ne le changerais pas en vérité pour le sultan de Constantinople ni pour le shah de Perse. Quoique tout le temps de mon père soit absorbé par ses affaires, il vient de m'écrire qu'il doit venir me voir incessamment; au lieu que ces fils de grands princes peuvent, à ce qu'il paraît, fort bien se passer de voir leurs illustres ascendants.

CHARLES

Oh! pour cela, Adolphe, vous devez avouer que vos parents vous négligent un peu; car ils ne sont pas encore venus vous voir une seule fois au collège.

ADOLPHE

Rappelez-vous qu'un homme du rang de mon père ne voyage pas comme un simple particulier ; et puis, il n'aime pas de quitter ses terres, autrement il résiderait à la cour. D'ailleurs, vous savez que je ne suis au collège que depuis un an.

ARMAND

Dites-moi, M. votre père n'a-t-il pas d'autres enfants ?

ADOLPHE

Pardonnez-moi ; j'ai une sœur de quinze ans qui va épouser un prince étranger.

CHARLES, *bas à Armand*

Tu entends ? un prince étranger.

ARMAND

A quinze ans ! on pense déjà à la marier.

ADOLPHE

Oui, c'est la coutume chez les personnes de haute qualité. On aurait pu disposer de sa main depuis plus longtemps, car elle n'avait que quatre ans lorsqu'une proposition fut faite pour elle par le roi de Danemarck en faveur de son neveu le prince Frédéric.

ÉDOUARD

Le roi de Danemarck ! Je pense que cette alliance aurait été plus désirable.

SCÈNE II

ADOLPHE

J'en conviens; mais mon père ayant consulté un ambassadeur, son cousin, et la grande-duchesse Wilhelmine-Augusta, sa nièce, qui étaient tous deux en relations avec la cour danoise, ils l'en détournèrent, car le jeune prince proposé était devenu boiteux des suites d'une chute.

ARMAND, *bas à Charles*

S'il dit la vérité, il faut avouer que ses parents sont de bien hauts seigneurs. *Haut :* Il faut convenir que votre famille tranche du grand; vous pourrez sans doute vous-même, par la suite, obtenir la fille de quelque souverain?

ADOLPHE

Je ne répondrais pas du contraire, monsieur; et quoique vous paraissiez aimer à railler, permettez-moi de vous dire que beaucoup de choses moins probables sont arrivées dans le monde.... *A part :* Ils ont voulu me tourner en ridicule, mais maintenant ils sont tous confondus.

SCÈNE III

ARMAND, CHARLES, ADOLPHE, ÉDOUARD, M. CLIFFORT, PIERRE

M. CLIFFORT

Que vous a donc fait mon filleul, M. Adolphe, que vous lui interdisiez ma maison? Pauvre garçon, je viens de le trouver tout en larmes. Charles, avez-vous donc perdu toute amitié pour ce bon petit Pierre?

CHARLES

Pas du tout, mon père; j'ai autant d'affection pour lui qu'auparavant. Venez, Pierre, donnons-nous la main; je suis bien aise de vous voir.

ÉDOUARD

S'il n'est pas déjà venu s'amuser avec nous, je vous assure, monsieur, que ce n'est pas ma faute; n'est-ce pas, Pierre?

M. CLIFFORT

Qui donc voulait le renvoyer?

ADOLPHE

Ce fut moi, monsieur, je dois le confesser. Je ne connaissais pas l'étendue de votre indulgence pour lui. Son costume me fit présumer que ce ne pouvait être un compagnon de M. votre fils.

SCÈNE III 165

M. CLIFFORT

Ce n'est pas par le costume d'une personne qu'on doit juger de ses qualités. Pierre est un digne et honnête paysan ; cela me suffit.

PIERRE

Je voulais dire qu'il me regardait comme un paysan parce que j'ai été élevé à la campagne ; mais si les affaires de mon père avaient réussi à Londres, je serais bien autrement vêtu, et je serais probablement au collège comme d'autres gens.

ARMAND

Ho ! ho ! entendez-vous, petit Pierre ? Voilà la vanité qui devient contagieuse.

ÉDOUARD

Dites-moi donc, Pierre, que fait votre père ?

PIERRE

Il est tailleur, monsieur ; maintenant il répare seulement les gros habits ; mais il était autrefois bien établi et avait beaucoup d'ouvriers.

ADOLPHE, *avec ironie*

Voilà qui est bien différent d'être un paysan !...

M. CLIFFORT

Si cet enfant, M. Adolphe, n'avait pas été traité avec mépris, il ne serait jamais arrivé à rougir de sa condition présente. Croyez-moi, Pierre, ne vous inquiétez pas si votre père est un paysan ou un bourgeois; s'il fait des habits pour des princes, des jockeys ou des laboureurs : ceci n'est d'aucune conséquence pour vous, pourvu qu'il soit toujours un digne et honnête homme.

PIERRE

Avec votre permission, monsieur, je crois que ce n'est pas tout à fait la même chose ; car lorsqu'il était un tailleur à la mode dans Bond'street, on l'appelait toujours maître Brown ; mais ici on le nomme seulement par le simple nom de Joseph.

ÉDOUARD

Etes-vous donc le fils de Joseph Brown ?

PIERRE

C'est mon père, et je suis son fils, ne vous en déplaise.

ÉDOUARD

En ce cas, Pierre, serrons-nous la main. Pierre, je suis votre cousin germain.

PIERRE

Vous voulez vous jouer de moi !

ÉDOUARD

Non certes; ma mère était Marguerite Brown, fille de Robert Brown, marchand de draps, et sœur de Joseph Brown, votre père ; me suis-je trompé ?

PIERRE

Je crois réellement que vous avez raison ; mais

puis-je me hasarder à vous appeler cousin, moi pauvre paysan avec de si vilains habits?

ÉDOUARD

Allons donc, à quoi penses-tu? tes habits peuvent-ils nous empêcher d'être parents? C'est par le sang que nous le sommes.

PIERRE

Alors, permettez-moi de vous embrasser, mon cher cousin.

M. CLIFFORT

Pierre, je vous félicite de cette heureuse rencontre, non pas tant parce que votre cousin est riche et bien élevé, mais surtout parce qu'il est estimable et qu'il a une belle âme.

ARMAND

En retour d'une si noble conduite, M. Edouard, vous apprendrez, j'en suis sûr, avec joie que vos parents sont ici généralement estimés de tous ceux qui les connaissent.

ÉDOUARD

Pierre, conduis-moi chez ton père; il me tarde de faire sa connaissance. *A M. Cliffort :* Voulez-vous me permettre, monsieur, d'aller faire une visite à mon oncle?

M. CLIFFORT

Très volontiers, et je serai heureux de vous

accompagner; il y a encore une autre famille dans le même village que je souhaite de voir.

ARMAND

Je voudrais bien aussi être de la partie, si mon père l'approuve.

CHARLES

Les suivrons-nous, Adolphe?

ADOLPHE

Oh! restons ici, j'ai à vous parler.

SCÈNE IV

CHARLES, ADOLPHE

CHARLES

Edouard est si content, que je n'ai pas eu le temps de lui dire de revenir de suite et de ramener son cousin avec lui.

ADOLPHE

Pour quel motif l'auriez-vous fait? désireriez-vous qu'il ramenât aussi son oncle le tailleur et Mme son épouse.

CHARLES

Pourquoi parler d'eux avec tant de mépris? ce sont de braves et dignes gens.

ADOLPHE

Avouez, entre nous, qu'Edouard n'avait pas besoin d'aller ainsi témérairement trouver des parents dans ce village.

CHARLES

Il a suivi la voix de son cœur et de sa conscience. Est-ce que vous reniez les vôtres, Adolphe?

ADOLPHE

Quelle différence! les miens sont toutes personnes de qualité. Le plus petit d'entre eux ferait honneur à la famille la plus illustre.

CHARLES

Je suis bien sûr cependant qu'ils ne sont ni plus équitables, ni plus patients, ni plus religieux que le vieux Joseph et sa femme, et depuis qu'Edouard a le bon sens de ne pas rougir de l'obscurité de ces dignes gens, il peut pareillement partager l'honneur de leurs vertus.

ADOLPHE

Vous avez de singulières idées, Charles; si vous étiez grand seigneur comme moi, vous seriez bientôt débarrassé de vos préjugés.

CHARLES

Si jamais j'étais marquis ou comte, je penserais que, loin d'être orgueilleux de mon rang et de mon titre, je dois laisser aux autres à s'en souvenir. Mon père, d'ailleurs, m'a souvent répété que les descendants de ces illustres familles, dont le haut rang est incontestable, se distinguent par leur affabilité et leur politesse, et qu'ils laissent aux parvenus une sotte vanité qui ne peut que tourner à leur confusion.

ADOLPHE

Me prenez-vous donc pour un parvenu? Je vous prouverai que je suis aussi noble que le roi lui-même.

CHARLES

Je ne veux point discuter avec vous, Adolphe; je vous répète seulement ce que j'ai entendu dire par mon père et par des personnes ayant l'usage du monde.... Mais je m'aperçois que l'heure de notre dîner approche, et j'ai promis à Armand de cueillir quelques pommes pour le dessert. Voulez-vous venir avec moi au jardin?

ADOLPHE

Non, j'ai besoin de finir un volume de l'histoire d'Angleterre, et je n'ai plus que quelques pages à lire. Je trouve là des noms qui me sont familiers (*avec importance*) et qui me prouvent que je ne suis point un parvenu.

CHARLES, *à part*

Il est piqué au vif; mais son orgueil insupportable méritait bien une leçon.

SCÈNE V

ADOLPHE *seul*

Je vais trop loin ; mon rôle devient difficile. Où donc m'a conduit le désir de cacher ma naissance et ma famille ? Me voilà presque un potentat marchant à l'égal du souverain des trois royaumes. Oh ! comme mes camarades riraient de moi, s'ils venaient à découvrir la vérité. Mais qui peut venir leur apprendre que mon père n'est que le concierge d'un gentilhomme, et que c'est ce gentilhomme, mon parrain, qui paie mon entretien et mon éducation ?

Quel malheur que toutes ces belles histoires que je leur ai débitées ne soient point une réalité ! Combien la part d'un homme de qualité me conviendrait mieux, et combien il est agréable de se sentir au-dessus des autres, sans peine et sans étude ! Allons, continuons à jouir du moins de l'erreur de mes camarades ; c'est toujours quelque chose, et je m'habitue si bien à faire le grand prince, qu'il m'arrive même quelquefois de céder aussi à l'illusion ; mais cela dure peu, et je me trouve au réveil encore plus malheureux de n'être que le pauvre George. Hélas ! hélas !... *Il s'assied sur le banc de gazon et se met à lire.*

SCÈNE VI

ADOLPHE *sur le banc de gazon*, SIMPSON *et* PETIT DICK *un paquet de marchandises sur leur dos* (1).

SIMPSON, *appuyé sur un bâton*

Arrêtons-nous ici, mon garçon ; nous ne sommes pas loin d'une belle maison, où il y a peut-être quelque chose à faire.

PETIT DICK

De tout mon cœur, mon oncle ; je n'en serai pas fâché, car cela reposera un peu mes pauvres épaules.

SIMPSON

Je crois, petit Dick, que tu as entrepris une besogne un peu au-dessus de tes forces.

PETIT DICK

Oh ! ne faites pas attention, mon oncle ; j'ai bon courage, je sais qu'il faut travailler pour vivre, et je vois que j'aurai bien des pas à faire avant de pouvoir acheter un âne pour porter mes marchandises.

SIMPSON

Comment, Dick, vous avez donc de l'ambition ?

(1) Simpson a un paquet de marchandises sur son dos, et petit Dick, une boîte de crayons, d'aiguilles, de plumes de fer et autres petits articles.

PETIT DICK

Oh! je ne suis pas assez fou pour me contenter de porter une boîte de crayons et d'aiguilles sur mes épaules, comme je fais maintenant ; ceci est très bien pour commencer, mais il me faut un âne, vous pouvez compter là-dessus ; il aura une belle clochette pendue à son cou, et lorsque les bonnes gens du village l'entendront sonner à mon approche, ils diront : Ho! ho! qu'il vienne par ici, le maître, nous voulons lui acheter quelque chose, car c'est un bon enfant et un honnête garçon.

SIMPSON

Vous réglez tout cela très gentiment dans votre petite tête, maître Dick ; mais savez-vous qu'il en coûte une bonne somme pour acheter un âne et pour le charger ?

PETIT DICK

Oui, mon oncle, je sais cela ; j'ai déjà calculé ce que j'aurais, en mettant de côté le profit que je tirerai de la vente de mes crayons et de mes aiguilles, et surtout de mes plumes métalliques aux jeunes collégiens, et puis les mèches, les allumettes chimiques, les cordons de montres, et puis....

SIMPSON

Et puis quoi ?

PETIT DICK

Avez-vous oublié mon frère George, qui étudie au collège par les ordres de sa seigneurie, et qui obtiendra bientôt une place ? Il pourra alors me faire des avances pour acheter un âne.

SIMPSON

Je n'ai certainement aucune raison pour douter de la bonne disposition de George ; mais je te dirai que, dans la vie, la meilleure route à suivre, c'est de ne point trop compter sur les autres et de ne pas former de projets ambitieux ; un petit commerce est souvent plus sûr qu'un grand, et j'ai acquis par degrés un assez joli avoir, en voyageant avec un paquet sur mes épaules, comme tu me vois.

PETIT DICK

Ne parlez pas si haut, mon oncle ; je vois quelqu'un sous ces arbres.

SIMPSON

Ce sont peut-être les personnes à qui la maison appartient ; informons-nous s'ils ont besoin d'acheter quelques-unes de nos marchandises.

ADOLPHE

Voici deux étrangers dont la conversation me trouble ; allons lire ailleurs. *Il quitte son banc.*

SCÈNE VI

SIMPSON, *s'approchant d'Adolphe*

Monsieur !

ADOLPHE, *reculant de surprise*

Quoi ! mon oncle ici, est-il possible ?

PETIT DICK, *courant à lui*

Que je suis heureux ! Quoi ! est-ce bien mon frère George ?

SIMPSON

Est-ce réellement vous, mon cher neveu ?

ADOLPHE

Chut ! chut ! taisez-vous tous deux, et allez-vous-en aussi loin que vous pourrez.

SIMPSON

Pourquoi nous en irions-nous ?

PETIT DICK

Faisons-nous du mal à quelqu'un ?

ADOLPHE

Je désire qu'on ne sache pas que nous sommes parents.

SIMPSON

Et pourquoi cela, s'il vous plaît ?

PETIT DICK

Ne pas vouloir reconnaître vos propres parents !

ADOLPHE

Au nom du Ciel, taisez-vous ; je ne veux pas vous renier, mais... voyez-vous... il est de la dernière importance que... la famille à laquelle j'appartiens ne soit pas connue ici. *A part :* Il faut que j'invente quelque histoire, afin de me débarrasser d'eux.

SIMPSON

Eh bien! mais je ne vois pas pour quelle raison....

ADOLPHE

Pourquoi? parce que apprenez que je passe mes vacances avec un de mes camarades dans la maison de campagne d'un lord très riche, dans ce beau séjour que vous voyez à cent pas d'ici; c'est un grand seigneur immensément riche, et il a pris une telle affection pour moi, qu'il veut m'introduire à la cour lorsque j'aurai fini mes études.

SIMPSON

Soyez heureux, George ; croyez-vous que nous serions capables de faire rien qui pût changer ses bonnes intentions envers vous.

PETIT DICK

Au contraire, je lui dirai tant de drôles d'histoires pour l'amuser, que je ne serais pas surpris qu'il me fît présent d'un joli petit âne, puisqu'il est si riche.

ADOLPHE

Mais ne savez-vous pas que les ducs sont en

général orgueilleux ? Aussi, afin de m'insinuer dans ses bonnes grâces, j'ai été obligé de changer mon nom et de lui faire croire que mes parents étaient quelque chose dans le monde.

SIMPSON

Que dites-vous là, mon neveu ? Vous êtes né d'honnêtes gens, cela ne suffit-il pas ?

PETIT DICK

Notre père ne jouit-il pas de la faveur et de la confiance de Monseigneur ? et notre sœur ne vient-elle pas de se marier à son garde-chasse ?... Ah ! mon oncle, voilà une excellente occasion pour avoir ma bourrique.

ADOLPHE

Ce petit garçon ne peut ni se taire ni me comprendre ; mais vous, mon oncle, qui êtes un homme d'expérience, vous apercevrez sûrement que la profession que vous exercez....

SIMPSON

Oui, je vois ce que c'est, George ; vous me croyez indigne d'être votre oncle.

ADOLPHE

Ce n'est pas moi que vous devez blâmer pour cela, mais seulement le préjugé du grand-duc, auquel je me trouve moi-même obligé de me soumettre dans l'intérêt de ma fortune. Voudriez-vous, en effet, me faire perdre une si belle occasion ?

SIMPSON

Non, mon neveu, non ; nous allons vous laisser à vos projets. Adieu donc; passez pour ce qu'il vous plaira, je ne vous contredirai pas.

PETIT DICK

J'aurais cependant aimé de voir quelle sorte d'homme est un grand-duc.

ADOLPHE

Dépêchez-vous de partir, je vous en supplie.

SIMPSON

Nous partons. *Il fait quelques pas et revient.* Mais, dis-moi donc, comment es-tu arrivé à faire connaissance avec ce seigneur ?

ADOLPHE

Croyez-vous que j'ai le temps maintenant de vous raconter une aussi longue histoire ? Je suis perdu si vous restez ici encore une minute.

SIMPSON

Sois tranquille ; adieu.

PETIT DICK, *revenant aussi*

Dites donc, George, pourquoi ne demandez-vous pas comment on se porte chez nous ?

ADOLPHE

Je leur écris tous les jours... Adieu... Prenez ce sentier à droite.

PETIT DICK, *s'en allant*

J'espère que lorsqu'il sera riche, il me donnera de l'argent pour m'acheter un âne. *Ils sortent.*

SCÈNE VII

ADOLPHE *seul*

Enfin, ils sont partis ! Que je suis heureux de m'être trouvé seul ! Quelques minutes plus tôt, et Charles aurait été témoin de notre rencontre; il aurait appris qui je suis et ne m'aurait probablement pas épargné, surtout après la conversation que nous venions d'avoir ensemble. Je me sens tout à fait glacé d'épouvante. Que faire ? je n'oserais pas me montrer maintenant ; je vais me promener un peu pour tâcher de reprendre mes sens.

SCÈNE VIII

Un salon de la maison de M. Cliffort.

M. CLIFFORT, CHARLES

CHARLES

Eh bien, mon père, comment l'entrevue s'est-elle passée ?

M. CLIFFORT

De la manière la plus attendrissante, je t'assure. Le pauvre Joseph travaillait dans sa petite boutique quand Pierre arriva avec Edouard. Pierre court et embrasse son père. « Réjouissez-vous, mon père; car voici votre neveu que je vous amène. — Un neveu! s'écria le vieillard. — Oui, un neveu, répliqua Edouard; je suis le fils de votre sœur Marguerite. » A ces mots, le tailleur, hors de lui, ne put retenir ses larmes et l'embrassa tendrement.

CHARLES

Je suis enchanté de ce que vous me dites. Et la pauvre Marguerite, elle a dû être bien surprise?

M. CLIFFORT

Elle était occupée à laver à la rivière avec quelques autres femmes; Joseph voulut l'envoyer chercher, mais Edouard déclara qu'il était de son devoir d'aller au-devant de sa tante, ce qu'il fit; il courut immédiatement et lui sauta au cou en lui déclarant qu'il était son neveu. La pauvre femme fut frappée d'étonnement, s'attendant peu qu'un jeune gentilhomme si bien habillé daignât lui témoigner tant d'amitié et d'affection.

CHARLES

La conduite d'Edouard dans cette occasion,

je l'avoue, augmente beaucoup mon amitié pour lui.

M. CLIFFORT

Tout le village parle de lui avec admiration. Edouard a rempli son devoir ; mais il l'a fait si franchement et avec une si bonne grâce, qu'il est doublement digne de louanges.

CHARLES

Croiriez-vous qu'Adolphe est assez injuste pour le blâmer d'une action aussi louable?

M. CLIFFORT

Tant pis pour lui, Charles ; cela prouve seulement la petitesse de son esprit et un amour-propre excessif. J'ai vu avec peine, dans sa conduite avec Pierre, combien il est plein de vanité. Il ne me semble pas cependant avoir rien de digne dans les manières, mais seulement beaucoup d'arrogance ; je présume que ce jeune homme est le fils de quelque parvenu récemment élevé à la dignité de lord.

CHARLES

Ah! mon père, comment pouvez-vous penser cela? Sa famille, dit-il, est une des plus anciennes de l'Europe.

M. CLIFFORT

Je ne l'aurais jamais cru. Si j'en parlais à mon cousin, qui est professeur à votre collège, il serait à même de découvrir la vérité de cette assertion ; mais, en supposant même qu'Adolphe fût un prince, son orgueil excessif n'en serait pas moins un grand défaut.

SCÈNE IX

M. CLIFFORT, CHARLES, EDOUARD

M. CLIFFORT

Eh bien, vous voilà seul, Edouard; qu'avez-vous fait de Pierre, votre jeune cousin?

ÉDOUARD

Je l'ai laissé en pleine conversation avec un petit garçon du Yorkshire qu'il a rencontré sur la route. Il me tardait de venir parler à mon ami Charles du bon accueil que j'ai trouvé chez mes parents.

CHARLES

Mon père me l'a raconté avec bien du plaisir. Pour ma part, je vous félicite de tout mon cœur, et je trouve que vous avez acquis un nouveau titre à l'estime de tous ceux qui vous connaissent.

ÉDOUARD

Je crois que j'ai gagné trois vrais amis et qui ne m'oublieront jamais.

SCÈNE IX 183

M. CLIFFORT

Vous ne pouvez en douter, mon cher Edouard, et vous pouvez être tout à fait sûr de l'approbation de votre père.

ÉDOUARD

Oui; car il ne m'aurait pas pardonné si j'eusse agi autrement. Je lui ai toujours entendu condamner ceux qui se glorifiaient de leur fortune, ou qui semblaient honteux de leur origine, lorsqu'ils ont l'avantage d'appartenir à une famille exempte de reproches. Il m'a dit souvent que nous avions quelques parents qui étaient devenus pauvres, les uns par les malheurs, les autres par leur faute, mais qu'il ne connaissait pas de gens malhonnêtes dans notre famille : je n'avais donc pas de raisons pour m'éloigner d'aucun d'eux.

M. CLIFFORT

Voilà le langage d'un honnête homme.

ÉDOUARD

Si mon père avait su que mon oncle vivait dans ce village, il l'aurait certainement fait appeler, lorsqu'il est venu me voir au collège l'année dernière. Je suis sûr qu'il le fera la prochaine fois qu'il viendra ; en attendant, j'ai intention de lui écrire sur un projet que je viens de former.

SCÈNE X

M. CLIFFORT, CHARLES, ÉDOUARD ARMAND

ARMAND

Mes amis, si vous voulez acheter des crayons ou des plumes, il y a en bas un beau petit garçon à l'air vif, qui veut vous en vendre. Je ne crois pas qu'il ait plus de sept ans, mais son babil vous amusera.

ÉDOUARD

C'est sans doute celui avec qui j'ai laissé Pierre.

ARMAND

Je l'ai rencontré sur la route, où il attendait un colporteur qui était arrêté dans une maison du voisinage pour voir s'il vendrait quelque chose.

M. CLIFFORT

Eh bien, faites monter ce petit garçon. *Armand court très vite.*

CHARLES

A sept ans, faire travailler ainsi un pauvre garçon !

M. CLIFFORT

C'est l'habitude des colporteurs du Yorkshire, qui sont très actifs, industrieux et qui accou-

tument leurs enfants à gagner du pain très jeune ;
ainsi ils prennent leurs enfants avec eux pour
voyager dans le pays, et ces garçons sont, en
général, vifs, intelligents et spirituels, et par-
dessus tout très probes.

SCÈNE XI

M. CLIFFORT, ARMAND, CHARLES, EDOUARD, PETIT DICK, PIERRE

PIERRE, *à petit Dick*

Avez-vous jamais vu un pareil entêté? Il me semble que je dois bien le connaître ; je vous dis que je suis son filleul.

M. CLIFFORT

Qu'y a-t-il, Pierre ?

PIERRE

Mon parrain, c'est ce petit garçon du York- shire, qui soutient que vous êtes un duc et même un archiduc.

PETIT DICK

Oh! je suis bien informé. *A M. Cliffort* : Mon- seigneur, votre grâce veut-elle m'acheter quelque chose ?

CHARLES

Comme il a l'air éveillé !

M. CLIFFORT

Pourquoi m'appelez-vous Monseigneur, mon bon garçon?

PETIT DICK

Parce qu'on m'a dit que vous étiez un haut et puissant seigneur, quoique vous ne soyez pas aussi fier que je m'y attendais ; mais, dans mes prix, je ne fais aucune différence, même pour les princes, et je ne veux pas vous vendre plus cher qu'aux autres.

M. CLIFFORT

On a bien voulu s'amuser de vous, mon enfant ; je ne suis ni duc ni grand seigneur, je vous l'assure.

PIERRE

Je le laisse parler comme ça depuis une demi-heure, mais il ne veut pas écouter ce que je lui dis.

PETIT DICK, *à part*

George alors nous en a imposé.

ARMAND

Quel est votre nom, mon garçon ?

PETIT DICK

Petit Dick, pour vous servir, mon bon monsieur ?

SCÈNE XI 187

ÉDOUARD

Combien de temps y a-t-il que vous avez commencé à courir ainsi le pays ?

PETIT DICK

J'ai quitté la maison il y a environ six mois, avec mon oncle Richard.

CHARLES

Comment faites-vous donc pour marcher si loin avec vos petites jambes ?

PETIT DICK

Comment ? je les remue un peu plus souvent, voilà tout. Des insectes rampent une courte distance chaque jour et finissent par gagner la fin de leur journée.

M. CLIFFORT

C'est juste, mon enfant. La patience et la persévérance surmontent toutes les difficultés ; malgré cela, je crois que votre commerce est assez pénible.

PETIT DICK

Je n'ai jamais eu cette pensée. Il n'y a pas d'argent bien gagné sans labeur et sans peines.

ÉDOUARD

C'est vrai ; mais vous êtes encore si jeune.

PETIT DICK

Oui ; mais mon oncle commence à se faire

vieux, et comme il est très chargé, il ne peut aller très loin; d'ailleurs, nous nous reposons un peu de temps en temps; quelquefois nous trouvons des pratiques sur la route, et une bonne vente nous a bientôt délassés.

ARMAND

Ne préféreriez-vous pas rester chez vous tranquillement avec votre père et votre mère?

PETIT DICK

Oh! non; c'est bon pour les paresseux. Chez mon père, je ne pourrais pas gagner la vie, et je dois travailler pour acheter un âne et quelques marchandises, et quand j'aurai amassé un peu d'argent, je le porterai à mon père et à ma mère.

M. CLIFFORT

Je suis satisfait de lui. Comment votre mère a-t-elle pu consentir à se séparer de vous?

PETIT DICK

Hélas! pauvre femme! elle a bien pleuré; mais à quoi cela sert-il? Mon oncle Richard est venu nous voir un jour, il est mon parrain, je courus donc l'embrasser. « Dites-moi, mon frère, dit-il, qu'allez-vous faire de ce gros garçon? Je veux lui faire cadeau, moi, d'une boîte d'aiguilles et de crayons, et le prendre avec moi. »

SCÈNE XI

M. CLIFFORT

Dites-moi, petit Dick, avez-vous des frères et des sœurs ?

PETIT DICK

Oh! oui, mon bon monsieur; ma sœur Jenny vient de se marier avec le garde-chasse de sa seigneurie.

ARMAND

Qui est sa seigneurie ?

PETIT DICK

C'est notre maître. Mon père est portier de son bel hôtel. Oh! quel bon maître c'est! il s'est chargé de l'éducation de mon frère George, qui est son filleul. Vous le connaissez bien, mon frère George ?

M. CLIFFORT

Comment le connaîtrions-nous, mon enfant ?

PETIT DICK, *à part*

Il m'a défendu de dire un mot, à tout prix. Il n'y a pas grand mal dans ceci, puisqu'ils ne le connaissent pas. Il nous a tant parlé de son grand seigneur, que ce doit être quelque autre personne.

ÉDOUARD

Que marmotte-t-il là entre ses dents ?

PETIT DICK

Je dis, mes bons messieurs, qu'il est temps

que vous m'achetiez des crayons et d'excellentes plumes de métal, de l'invention de mon oncle Richard Cowley. Faites votre choix, s'il vous plaît ; il se fait tard, et mon oncle Richard doit être demain à la foire voisine.

SCÈNE XII

M. CLIFFORT, CHARLES, EDOUARD, ARMAND, PETIT DICK, PIERRE, SIMPSON

SIMPSON

Qu'est-ce que ce petit paresseux fait ici? Excusez-moi, monsieur, si je prends la liberté de me présenter devant vous ; mais la nuit approche, et mon neveu ne pense pas à repartir.

M. CLIFFORT

Entrez, mon ami, entrez ; nous sommes cause du retard du petit Dick ; ces jeunes gens se sont beaucoup amusés de son babil.

SIMPSON

Oh ! quant à cela, monsieur, il parlerait tout un jour, s'il trouvait quelqu'un assez bon pour l'écouter.

PETIT DICK

Mais, mon oncle, si ces personnes me questionnent, je dois leur répondre ; et vous savez qu'en leur disant de petites drôles d'histoires, cela les met en bonne humeur et leur fait acheter quelque chose.

ARMAND

Il paraît que petit Dick commence à comprendre les affaires.

ÉDOUARD

Oh! je suis bien sûr que le petit furet fera son chemin.

CHARLES

Qu'est donc devenu Adolphe ? il fait une bien longue promenade.

ÉDOUARD

Mais j'y pense maintenant; il est du même pays que ces colporteurs, peut-être savent-ils quelque chose de lui? *A Simpson :* N'auriez-vous, par hasard, jamais été à Bradfort?

SIMPSON

Si, monsieur; c'est près de Leeds, et notre village n'est qu'à quelques milles de là.

ÉDOUARD

Informez-vous si notre jeune noble est un seigneur aussi grand qu'il prétend l'être. *A Simpson :* Vous connaissez Bradfort, vous devez avoir entendu parler du comte de Granby, dont le fils étudie avec nous au collège?

SIMPSON

Le comte de Granby?

CHARLES

Oui; son fils assure que c'est une des premières familles du comté, que son père a plusieurs grands hôtels et un grand nombre de terres.

SIMPSON

Ce jeune vicomte Adolphe, votre camarade de classe, est peut-être la personne que j'ai rencontrée sous ces arbres, lisant un livre et vêtu d'un bel habit bleu....

ARMAND

C'est cela même ; le connaissez-vous?

SIMPSON, *à part*

Ceci éclaircit le mensonge. Oh! l'orgueilleux!

ÉDOUARD

Mais vous ne nous dites pas si vous connaissez le comte de Granby.

SIMPSON

Je cherche à me souvenir.... Non, je n'ai jamais entendu parler d'aucun lord de ce nom dans mon canton.

ARMAND

Je ne m'étonnerais pas après tout que M. Adolphe fût noble de sa propre invention.

SIMPSON

Quoi! on vous aurait joué un pareil tour!

M. CLIFFORT

Je suis aussi porté à croire qu'il a exagéré sa grandeur ; sa vanité seule me l'avait fait penser; il ne doit cependant pas être condamné sans être entendu.

ÉDOUARD

Oh! le voici, nous verrons comment il se tirera de ce mauvais pas.

SCÈNE XIII

M. CLIFFORT, CHARLES, EDOUARD, ARMAND, PETIT DICK, PIERRE, SIMPSON, ADOLPHE

ADOLPHE, *à part*

Que vois-je? mon oncle et mon frère chez Cliffort! tout est découvert. *Il essaie de sortir.*

CHARLES, *l'arrêtant*

Vous voilà enfin, Adolphe, nous vous attendions.

PETIT DICK, *bas à son oncle*

Entendez-vous? quoi! c'est George qu'ils appellent Adolphe. Il se faisait passer pour un lord; oh! la bonne plaisanterie!

SIMPSON, *bas*

Chut! mon garçon; souvenez-vous de ce que George nous a dit.

EDOUARD, *à Adolphe*

Il semble que vous craignez d'approcher.

ARMAND, *au même*

Vous ne paraissez pas à votre aise.

M. CLIFFORT, *au même*

Vous sentez-vous indisposé, monsieur?

ADOLPHE

En effet, monsieur, j'éprouve de grandes douleurs de tête, et je vous demanderai la permission de me retirer.

CHARLES

Reste donc; une petite distraction te fera bien. Voici un jeune garçon qui t'amusera. Vois comme il a l'air rusé en te regardant.

ÉDOUARD

Ce sont de vos voisins, Adolphe; ils demeurent près Bradfort. Ne leur demandez-vous pas des nouvelles de votre illustre famille?

ADOLPHE, *bas à Edouard et à Charles*

Croyez-vous que je m'abaisserai à parler à cette sorte de gens? ne voyez-vous pas qu'ils sont de la dernière classe?

SCÈNE XIII

SIMPSON

Venez, mon garçon, retirons-nous, ce n'est pas notre place ici.

ADOLPHE, *à part*

Je suis sur les épines.

PETIT DICK, *bas à son oncle*

Puis-je donc m'en retourner sans embrasser mon frère ?

SIMPSON, *bas*

Tu vois bien qu'il ne daigne pas même nous regarder, qu'il nous méprise. *Haut à petit Dick :* Venez, mon garçon.

PETIT DICK

Eh bien, monsieur, qui veut acheter mes crayons et mes plumes ?

SIMPSON

Qu'avez-vous donc fait ici tout le temps ?...

M. CLIFFORT

Ce n'est pas sa faute, je vous assure ; c'est la nôtre. Armand, choisis quelques bottes de crayons et une demi-douzaine de plumes. *Armand et petit Dick vont à une table.*

SCÈNE XIV

M. CLIFFORT, CHARLES, EDOUARD, ARMAND, PETIT DICK, PIERRE, SIMPSON, ADOLPHE, *un laquais entrant*

LE LAQUAIS

Monsieur, voici une lettre qu'un homme vient d'apporter du collège d'Eton. *Il se retire.*

CHARLES

C'est sans doute de notre cousin le professeur. Qu'a-t-il de nouveau à nous apprendre?

ÉDOUARD

Pourvu qu'il ne nous rappelle pas avant la fin des vacances. Pour tout le reste, je m'en soucie fort peu.

M. CLIFFORT

Cette lettre vous concerne, Adolphe; veuillez écouter la lecture. *Il lit :*

« Cher cousin, je vous prie d'avoir la bonté
» de permettre à Adolphe de rester avec vous
» jusqu'à ce que nous nous soyons entendus avec
» sa famille; un événement inattendu empêche son
» retour au collège. Le comte de Duncastre, qui
» payait pour son éducation, est mort sans avoir
» pourvu à sa pension. »

SCÈNE XIV

SIMPSON, *à part*

Qu'entends-je?

PETIT DICK, *à part*

Je crois qu'ils disent que Monseigneur est mort.

M. CLIFFORT, *lisant*

« Les héritiers de sa seigneurie ne se propo-
» sent pas de continuer de payer pour lui ; si la
» famille du jeune homme, qui est supposée
» pauvre et d'une basse condition.... »

ÉDOUARD

Ho ! ho !

ADOLPHE, *à part*

Quel affreux malheur !

M. CLIFFORT, *continuant*

» est incapable de venir à son secours, le col-
» lège ne peut le garder plus longtemps.

» Je suis, etc. »

ADOLPHE, *sanglotant*

Hélas ! quel affreux malheur !

SIMPSON

Je plains réellement le pauvre garçon. Regarde donc par ici maintenant, George ; ton rôle de gentilhomme est fini.

ÉDOUARD

Que dit-il ?

SIMPSON, *à Adolphe*

En dépit de ce que vous m'ayez méconnu,

mon neveu, votre malheur et votre humiliation me font sentir que je suis votre oncle. Venez avec moi, vous m'aiderez à porter mes marchandises, et si vous vous conduisez bien, je me chargerai pendant quelques années de votre nourriture et de votre habillement. *Il sort avec Adolphe qui pleure et se cache la figure.*

LE
PRIX DE SAGESSE

PERSONNAGES :

LE MAITRE.
ALFRED,
GABRIEL,
FERNAND,
DAVID,
ROBERT,
HUBERT, } élèves.
ALEXANDRE,
CÉSAR,
ADOLPHE,
LOUIS,
ÉTIENNE,

LE
PRIX DE SAGESSE

LE MAÎTRE

Oui, mes amis, je veux donner aujourd'hui un prix de sagesse. Voyons ! quels seront nos candidats ? *Après une pause :* Eh bien, personne ne se présente, voilà qui fait honneur à votre modestie et qui me prouve qu'il y a parmi vous plus d'un sage. J'insiste donc. Oui, mes amis, je veux donner à l'un de vous un prix de sagesse, et vous m'aiderez vous-mêmes à le décerner. Ecoutez bien. Celui d'entre vous qui nous indiquera le moyen le plus propre à décider les jeunes gens à bien faire, aura ce prix ; vous serez les juges, et je serai votre président.

ALFRED, GABRIEL, FERNAND, DAVID, ROBERT, HUBERT *ensemble*

Je demande la parole.

ADOLPHE

Vous ne pouvez parler tous à la fois.

FERNAND

Parce que nous sommes les plus petits, on veut déjà nous tyranniser ! vous verrez que nous ne pourrons rien dire.

LE MAÎTRE

Ce n'est point là mon intention ni celle de vos condisciples.

ÉTIENNE

Bien mieux, je demande que le plus jeune parle le premier; pour moi, je lui cède mon tour.

LOUIS

Je lui cède le mien.

ADOLPHE

Je lui cède le mien.

ROBERT

Alfred commencera donc.

CÉSAR

Ensuite, ce sera Gabriel ; puis Fernand, David, Robert, Hubert, et vous, Alexandre. Si l'on veut, je parlerai après. — Les sages formeront l'arrière-garde.

ALFRED, *à part*

Ils seront bien attrapés ; mon moyen va leur fermer la bouche à tous, et ils n'auront plus rien à dire.

LE MAÎTRE

Parlez, Alfred, nous vous écoutons.

TOUS

Nous vous écoutons.

ALFRED, *toussant*

Hum ! hum !

ROBERT

Un fauteuil à monsieur l'orateur.

ALFRED

Je n'ai pas besoin de fauteuil. Vous me faites perdre le fil de mes idées. *Toussant* : Hum ! hum! m'y voici. On veut, dit-on, connaître les moyens de nous décider à bien travailler. Ils sont bien simples, je vous l'assure. D'abord, je supprime le pain sec. Car, je le soutiens, le pain sec est absurde. Comme cela vous donne du cœur au ventre, le pain sec !... Je supprime aussi la soupe aux herbes, la salade....

GABRIEL, FERNAND, DAVID, ROBERT

Bravo !

ALFRED

Mon principe est qu'on n'attrape pas les mouches avec du vinaigre.

On mangera tous les jours du gâteau. Ceux qui sauront leurs leçons par cœur auront de la pâtisserie. Ceux qui écriront bien leurs devoirs auront des fruits confits. Le premier aura une tarte à la frangipane. Eh bien, messieurs, qu'en pensez-vous ?

ALEXANDRE

Je pense, mon cher Alfred, qu'au lieu de vous confier à un maître de pension, on aurait dû vous placer chez un maître pâtissier.

ADOLPHE

Effectivement, le meilleur maître serait celui qui ferait le mieux le gâteau, la pâtisserie et la tarte à la frangipane.

ÉTIENNE

On commandera pour Alfred des porte-plumes en sucre d'orge.

FERNAND

On pourrait lui faire de l'encre avec de la tablette noire.

DAVID

Je propose qu'on lui décerne une grande médaille d'honneur en pain-d'épice.

HUBERT

Et un brevet d'invention, pour son moyen, sur papier chocolat.

ALFRED

Ce sont là des plaisanteries, mais on ne me fait pas d'objections. Je soutiens encore une fois que....

LOUIS

On dresse parfaitement ainsi les perroquets et les chiens caniches.

ALFRED

Je soutiens, vous dis-je, que....

CÉSAR

Les enfants qui reçoivent de leurs parents des gâteaux et des confitures, sont les plus paresseux de la pension.

ALFRED

Paresseux vous-même ! *Il pleure.* Je soutiens....

LE MAÎTRE

Quelqu'un donne-t-il sa voix à Alfred ?

ADOLPHE

Il n'a pas la mienne.

LOUIS, ÉTIENNE, CÉSAR, ALEXANDRE, HUBERT, ROBERT, DAVID, FERNAND, GABRIEL, *l'un après l'autre*

Ni la mienne.

ALFRED

Ils sont tous contre moi. Si pourtant on leur donnait une bonne tarte à la frangipane, ils ne se feraient pas prier.

LE MAÎTRE

A votre tour, Gabriel.

GABRIEL, *à part*

Il n'y aura qu'une voix sur mon moyen. *Haut :* Je conviens que guérir la paresse par la gourmandise, c'est opposer un vice à un autre, et que s'il n'y a pas guérison, c'est créer deux maladies au lieu d'une. Je repousse donc le moyen d'Alfred, qui m'avait d'abord séduit. Voici, je crois, quelque chose de mieux et qui méritera tous vos suffrages.

Un grand vice m'a frappé, messieurs, dans les études actuelles ; ce vice, je n'hésite pas à le dire, est la cause de tout le mal. Pourquoi, me suis-je demandé bien des fois, les devoirs ne sont-ils pas terminés ? pourquoi les leçons ne sont-elles pas sues exactement ? Pour une raison toute simple : il y a trop à faire.

FERNAND

Très bien.

GABRIEL

C'est une encyclopédie, une tour de Babel que

les études modernes : les lettres, les sciences, les langues mortes, les langues vivantes, le dessin....

FERNAND

Parfait !

GABRIEL

Et puis, un pauvre enfant est atteint d'une fièvre cérébrale ; il peut alors étudier les langues mortes tout à son aise.

ALFRED

La fièvre cérébrale ! c'est ce que le médecin dit toujours à maman. La fièvre cérébrale ! je suis menacé de la fièvre cérébrale. Aussi, quand je ne puis achever mon devoir, maman me donne un bon billet pour avertir le professeur.

GABRIEL

Pourquoi la fin des classes et des études laisse-t-elle toujours à désirer? C'est que les classes et les études sont trop longues.

HUBERT, ROBERT, FERNAND, DAVID, ALFRED

C'est vrai.

GABRIEL

Je donne donc des devoirs la moitié moins longs.

HUBERT, ROBERT, FERNAND, DAVID, ALFRED

Et ils seront mieux écrits.

GABRIEL

Je donne des leçons la moitié moins longues.

HUBERT, ROBERT, FERNAND, DAVID, ALFRED

Et elles seront mieux sues.

GABRIEL

Je supprime la leçon de grammaire. A quoi nous sert de connaître le substantif et l'adjectif, et la conjonction et l'interjection? Quand je dis à ma bonne de venir me chercher de bonne heure, ai-je besoin de lui analyser cette phrase et de lui en faire compter les propositions? Quand papa dit à notre cocher : Jacques, mettez les chevaux à la voiture; Jacques demande-t-il si le sujet est simple ou composé? Tout cela fait perdre du temps et met les écoliers en faute.

HUBERT, ROBERT, FERNAND, DAVID, ALFRED

Gabriel a raison.

GABRIEL

Je supprime l'étude des langues mortes. En puis-je, moi, si elles se sont laissées mourir? et doit-on me forcer à les ressusciter? Ceux qui sont morts, sont morts. Laissons-les en repos, et que les morts ne troublent pas la paix des vivants? N'êtes-vous pas de mon avis, vous autres?

ROBERT

Voilà qui est aussi bien dit que sagement pensé.

GABRIEL

Je supprime la leçon d'histoire. A quoi bon

savoir ce qui est passé? Je ne demande jamais ce que j'ai fait la veille, et je ne m'inquiète que de ce que je ferai demain. Mais regarder 3000 ans derrière soi! Si l'on veut me faire un journal de tout ce qui doit avoir lieu, j'y prends un abonnement. Qu'on ne me demande rien de plus. Et vous, êtes-vous pour l'histoire?

ALFRED

Moi, je suis pour l'histoire de Robinson.

GABRIEL

Je supprime la leçon de géographie. Je suis allé cette année à Paris avec maman ; nous n'avions avec nous ni globe terrestre ni mappemonde, et le postillon ne s'est pas égaré le moins du monde. Oh! l'on découvre bien des abus en voyageant. Les chemins de fer, d'ailleurs, vont tuer la géographie. On vous met une voiture sur des rainures en fer, et puis, crac.... Un clocher, deux clochers, trois clochers, allez donc vous orienter!

HUBERT, ROBERT, FERNAND, DAVID, ALFRED

C'est vrai.

GABRIEL

Je supprime....

ROBERT

La géométrie.

HUBERT

L'arithmétique.

ALFRED

La mythologie.

ADOLPHE, *ironiquement*

Toutes les leçons.

ÉTIENNE

On apprendra donc la moitié de....

FERNAND

Je n'en suis plus.

DAVID

Ni moi.

GABRIEL

Jamais d'écoliers en faute! Le maître, les élèves, tout le monde est de bonne humeur. La classe devient un paradis.

ÉTIENNE

Il n'y a plus de paradis sur terre, mon cher Gabriel; l'homme est né pour travailler, comme l'oiseau pour voler; celui qui ne travaille point ne mérite pas de manger. Combien de jeunes gens de votre âge travaillent déjà à la sueur de leur corps, dès le point du jour, et jusqu'après votre coucher ! Pensez-vous être d'une autre nature ?

ADOLPHE

Quand est-ce que les leçons ne sont pas sues?

TOUS, *excepté Gabriel*

C'est après un jour de congé.

LOUIS

Quand est-ce que les devoirs ne sont pas faits?

TOUS, *excepté Gabriel*

C'est après un jour de congé.

CÉSAR

Quand est-ce que les classes et les études sont moins tranquilles?

TOUS, *excepté Gabriel*

C'est la veille d'un jour de congé.

DAVID

Quel est l'élève auquel les parents accordent le plus de congés?

TOUS, *excepté Gabriel*

C'est Gabriel.

FERNAND

Quel est l'élève qui sait le moins bien ses leçons?

TOUS, *excepté Gabriel*

C'est Gabriel.

ALEXANDRE

Qui écrit le moins bien ses devoirs?

TOUS, *excepté Gabriel*

C'est Gabriel.

GABRIEL

Cela ne prouve pas contre mon système. Un grand vice, messieurs....

LE MAÎTRE

Qui donne sa voix à Gabriel ?

DAVID

Ce ne sera pas moi.

ROBERT, HUBERT, ALEXANDRE, CÉSAR, ADOLPHE, LOUIS, ÉTIENNE, ALFRED, *l'un après l'autre*

Ni moi.

FERNAND

Ni moi, et cependant je pars du même principe que lui. Oui, messieurs, je le répète avec Gabriel : « Les élèves ont trop à faire ; c'est une encyclopédie, c'est une tour de Babel que les études modernes : les lettres, les sciences, les langues mortes, les langues vivantes, le dessin... »

Mais ici, le remède ?

Ici nous nous séparons. Je ne veux pas, comme Gabriel, tout abréger, tout supprimer.

GABRIEL

Nous verrons un peu, Fernand, comment tu te tireras d'affaires !

FERNAND

Nous sommes nés pour travailler : ce n'est que la moitié de la vérité. Nous sommes nés pour travailler l'un à une chose, l'autre à une autre.

La preuve, c'est que nous avons chacun des dispositions différentes. Adolphe a la bosse du dessin; David, de la musique; Louis aime l'histoire; Etienne, la grammaire. Pourquoi ne pas suivre la nature, et ne pas appliquer chacun à l'étude qui lui convient? tout en irait bien mieux.

ALFRED

C'est ce qu'on devrait faire aussi à table. Au lieu de servir les mêmes mets pour tous, traitez donc chacun à part selon son goût. En fait de pain, qu'on ne me donne que du pain perdu.

FERNAND

Encore! Il s'agit bien de cela! Je parle de la classe, et je dis que moi, par exemple, qui aime le calcul, je voudrais ne faire que des chiffres. Car à quoi me servent Lafontaine et Télémaque, l'histoire et la géographie? En saurai-je mieux ma table de Pythagore quand j'aurai la mémoire chargée de noms de plantes et d'animaux, de Grecs et de Troyens? Et quel rapport y a-t-il entre le système métrique et la Californie ou le Japon? Je vais donc perdre (et je ne suis pas le seul) les trois quarts de mon temps à m'ennuyer, à me faire punir, à mal apprendre une foule de choses qui me sont inutiles. Tandis que si l'on me mettait à mon étude favorite, toujours du plaisir, toujours de l'ardeur, jamais de découragement, jamais de pensums. Chaque élève trouve facilement sa route dans ce labyrinthe jusqu'alors inextricable des études.

ALEXANDRE

Aucun chemin de fleurs ne conduit....

FERNAND

Et pourquoi pas? Ainsi personne...

DAVID

Un mot, mon cher Fernand. Du reste, je ne prends la parole que pour me mettre de ton côté.

FERNAND

Très bien, David. Mais le mérite de l'invention est à moi.

DAVID

Cela va sans dire. Messieurs, j'aime la musique, vous le savez, et je crois y trouver une excellente raison pour être d'accord avec Fernand.

Répondez-moi, je vous prie. Un maître de musique fait-il jouer de tous les instruments à chacun de ses élèves?

TOUS

Jamais.

FERNAND

Ce serait le moyen de les mal savoir tous.

DAVID

Pourquoi donc en classe faire apprendre de tous les instruments scientifiques à tous les élèves ?

Que fait cependant le maître de musique? Il donne à chacun son instrument, sa méthode, sa leçon à part. Et de tout cela il arrive à former un orchestre où chacun joue une partie différente. Le violon n'a pas besoin de savoir celle de la trompette, et il n'en possède que mieux la sienne.

Eh bien, qu'on fasse en classe comme à l'orchestre : chacun sa partie, rien que sa partie. Comme l'a très bien dit ce cher Lafontaine que nous sommes tous obligés d'étudier, comme si nous devions être autant de fabulistes :

> Le trop d'expédient peut gâter une affaire :
> On perd du temps, on tente, on veut tout faire.
> N'en ayons qu'un, mais qu'il soit bon !

ÉTIENNE

Halte-là ! tu donnes des armes contre toi-même. Lafontaine, à ce qu'il paraît, est utile à d'autres qu'aux fabulistes.

LE MAÎTRE

Eh! mes amis, il en est de même du reste. Toutes les sciences se tiennent et se complètent. Comment! l'arithméticien ne serait pas tenu de savoir parler français, ni le jeune poète de connaître les temps, les lieux, les hommes qu'il doit chanter? Le futur négociant se bornerait à Barême et à la correspondance? Tout le mérite du musicien serait au bout de ses doigts ou sur ses lèvres? S'il fallait vous élever ainsi, l'école vous préparerait bien mal à la vie. Vous ne seriez pas des hommes ; vous ressembleriez aux serins, aux rossignols, aux fauvettes, aux hiboux, aux corbeaux, à Bertrand, à Raton, que sais-je? car vous n'auriez, comme ces intéressants animaux, qu'un talent à votre service. Mais l'homme n'est pas, comme eux, condamné à jouer nécessairement un certain rôle. Il est le roi de la nature ; il est destiné à vivre dans la société de ses semblables, à respirer le même air, à jouir de la même lumière, à aimer la même patrie, le même Dieu. Pourquoi les esprits seraient-ils sans lien, sans cohésion, quand l'union et l'harmonie font la force, le charme de tout le reste?

La société ne serait pas possible si les hommes n'avaient pas un fonds commun de vérités et de connaissances. Votre orchestre, David, ne serait qu'un grand charivari, si les musiciens n'avaient commencé par étudier tous la même chose : les mêmes signes, les mêmes notes, les mêmes mesures, les mêmes principes.

DAVID
C'est vrai.

ADOLPHE
Et si chacun apprenait ce qu'il lui plaît, la belle classe! quel chaos! quelle confusion!

ALEXANDRE
C'est pour le coup qu'on pourrait parler de Babel!

CÉSAR
Et comptez-vous pour rien l'ennui de faire toujours la même chose?

LOUIS
Et l'embarras, à notre âge, de discerner ce à quoi on est spécialement destiné?

ALFRED, GABRIEL
Battus, les alliés!

ROBERT
C'est mon tour, je crois. On me l'a laissée belle. Ceux qui doivent parler après moi n'auront pas à faire grands frais d'éloquence. Eh quoi! messieurs, vous ne voyez pas où est le mal? Je vais vous mettre, moi, le doigt sur la plaie. Je ne dirai pas, comme Gabriel : Moins de leçons, moins de devoirs. Oh! moi, j'aime le travail; et justement parce que je l'aime, je ne veux pas y être contraint. C'était bon autrefois; mais au temps où nous sommes, au dix-neuvième siècle,

imposer telle besogne, condamner à des tâches de punition, retenir, détenir de jeunes hommes de bonne volonté, voilà qui n'est plus tolérable !... Et si je veux, moi, faire le double du travail que vous m'imposez? Je proclame donc la liberté. Je délie les chaînes qui retenaient captifs tant d'esprits généreux. Une ère nouvelle commence pour la jeunesse studieuse. Quel bonheur, quelle gloire de travailler librement ! Qu'étaient sous le régime de la contrainte les premiers de nos classes? des âmes timides qui n'osaient braver les punitions, des esclaves couronnés! Comme tout cela va changer! Je veux pour mon compte avancer de dix places à la prochaine composition.

ADOLPHE

Saute au moins de trente, si tu veux être le premier.

ROBERT

Que pense-t-on de mon système?

LOUIS

Il pourrait être bon avec d'autres élèves que toi.

ÉTIENNE

Ne voyez-vous pas, Robert, que cette contrainte dont vous parlez est tout à fait chimérique? On pourrait même dire que les élèves se punissent eux-mêmes volontairement, puisque ceux qui veulent n'être pas punis, en travaillant en conséquence, ne le sont jamais; je ne vois d'esclaves ici que des esclaves volontaires.

ROBERT

Il est bon enfant, Etienne. On se punit soi-même; voilà qui est merveilleusement dit. On se punit soi-même! Comment, tu oses prétendre que je me donne à copier 10, 15, 20, 30 pages, que je me mets en retenue, que je me prive de sortir?

ÉTIENNE

Certainement.

ROBERT

Quand mon maître me dit : « Robert, vous copierez les deux premiers livres de Télémaque; » c'est moi qui me dis.... oh ! c'est trop fort.

ÉTIENNE

Avant la parole du maître, la veille, pendant l'étude, Robert s'était dit à lui-même : Ce thème ne sera pas fait. Le matin, à l'étude, Robert s'était dit : Cette leçon ne sera pas sue. Quand il est entré en classe, Robert a dû se dire : Un livre pour le devoir, un livre pour la leçon....

FERNAND

Total, deux livres.

LE MAÎTRE

Etienne a raison, mon cher Robert. Celui qui

a une volonté forte se rit de ces barrières, qui ne vous épouvantent que parce que vous ne savez pas les franchir. Si quelqu'un avait à se plaindre de ce travail imposé dont vous parlez, ce seraient les bons élèves, qui effectivement travailleraient plus encore s'ils étaient en liberté; mais il y a toujours moyen pour eux d'employer utilement leur bonne volonté par la méditation et l'application.

ROBERT

Ne pourrait-on pas, au lieu de nous punir, nous adresser des remontrances et des exhortations ?

LE MAÎTRE

Sans doute, et on le fait très souvent; mais, en admettant que le temps le permît toujours, seriez-vous aise d'essuyer des remontrances et des admonestations continuelles ?

ALFRED

Oh ! moi, je n'aime pas les remontrances; j'aime mieux être puni une heure que grondé toute la journée.

ROBERT

Et quand mon professeur se trompe et qu'il me punit pour mon voisin ?

LOUIS

Il faut supporter la chose en bon camarade.

LE MAÎTRE

Et songer que quelquefois le voisin est puni pour vous. Levez la main, les partisans du système de Robert! *Gabriel seul lève la main.*

ROBERT

Je vois bien que vous n'êtes pas mûrs pour la liberté, que vous n'en êtes pas dignes.

LE MAÎTRE

Ceux qui en sont dignes l'ont et ne demandent rien. A vous, Hubert?

HUBERT

Je vous préviens d'abord que mon moyen est infaillible, que j'en ai fait moi-même l'expérience, et que j'en garantis le succès. Quel est le système actuel? Remontrances, tâches de punition, privation de récréation : système inefficace, incomplet et contraire à l'hygiène, comme dit le docteur. En effet, les remontrances sont à peine écoutées, les pensums gâtent la main, les retenues privent de récréation et nuisent à la santé, et, comme je l'ai dit, tout cet appareil est insuffisant. Je compare un professeur à une frégate attaquée par des forbans ; s'il nous lâche toute sa bordée, remontrances, pensums, retenues, le voilà désarmé ; il a usé toute sa poudre. Oh! si j'étais maître, cela ne se passerait pas ainsi. Un élève manque à la leçon : dix bons coups de règle sur les ongles. Il manque à ses devoirs : dix autres coups. Il trouble l'ordre : dix coups encore. On comprend que la règle est infatigable et toujours à son poste. C'est ainsi que je conduis mes petits frères et mes petits cousins, quand je retourne à la maison. Je me fais leur capitaine : En avant! marche! Celui qui se dérange, un coup de baguette. Nous nous amusons parfaitement.

ALEXANDRE

Je ne te conseillerais pas de me toucher, capitaine.

ALFRED

Tu donnes là de belles idées à notre maître.

HUBERT

Ne vois-tu pas que je supprime les remontrances, les pensums, les retenues? et puis, 10, 20, 30, cela apprendrait joliment l'arithmétique. Que pensez-vous, messieurs, de mon procédé? Voilà qui est complet, au moins, infaillible et économique.

ADOLPHE

Ce pourrait être bon pour les enfants ; mais pour nous.

GABRIEL

Pour les enfants !

ÉTIENNE

Je crois, mes amis, que ce qui n'est pas bon pour les uns, n'est pas bon pour les autres ; car où s'arrêter? et puis, tel est enfant jusqu'à quinze ans et recevrait la férule, tel autre a du cœur à douze ans et ne saurait être châtié ainsi. Un mot, un regard lui suffit.

CÉSAR

Il y a là quelque chose qui dégrade et qui endurcit.

ROBERT

Les ânes seuls se laissent conduire à coups de bâton.

LE MAÎTRE

Ainsi le système d'Hubert est...

TOUS

Détestable.

ALEXANDRE

Détestable! détestable! Bon signe pour le mien, qui est justement tout l'opposé. Oui, messieurs, je m'en flatte : mon système est aussi propre à nous faire sentir et à satisfaire notre dignité, que celui d'Hubert à la blesser et à l'étouffer.

L'honneur! voilà ma devise. Mauvais soldats, mauvais écoliers, ceux qui ne connaissent que le bâton ! La douceur du triomphe, l'amertume de la défaite, voilà...

ALFRED

C'était bien la peine d'être le premier à te moquer de moi, à propos de la douceur du sucre d'orge et de l'amertume de la salade !

ALEXANDRE

Avec l'honneur, l'écolier, comme le soldat, va toujours en avant.

N'avons-nous pas, nous aussi, nos victoires, nos lauriers, notre avancement ? Chaque jour la classe est le champ de bataille ; tout le monde est aux prises ; le maître donne le signal et est le juge du combat.

CÉSAR

Maintenant encore.

ALEXANDRE

Voilà ce que les élèves peuvent bien sentir, bien comprendre, bien pratiquer. Qu'ils voient partout lutte, assaut, résistance, mêlée, coups de feu, places à emporter, et qu'ils agissent en conséquence ! D'ailleurs...

DAVID

C'est comme quand nous jouons au soldat dans la cour. On dirait que c'est pour rire. En attendant, on se donne de bons coups de poing.

ALEXANDRE

D'ailleurs, la partie est égale. Ce n'est point la force du bras, la naissance, la richesse qui l'emportent. Nos armes sont au dedans de nous-mêmes.

Eh! peut-on avoir du cœur et ne pas se dire : Je ne veux pas avoir le dessous! Battu hier, je triompherai aujourd'hui. Demain je conserverai l'avantage. Je veux au moins dépasser celui-ci, terrasser celui-là! Remplisse qui voudra le rôle du lièvre de Lafontaine, qui n'est bon qu'à servir de courrier. Pour moi, je veux être....

GABRIEL

Un second Alexandre, l'Attila, le fléau....

ADOLPHE

Comme tu nous traites! Nous voilà partagés en deux camps! Faut-il donc tant de passion et d'acharnement pour remplir nos devoirs? On dirait que nous allons tous mettre flamberge au vent!

FERNAND

Si je ne te connaissais bon camarade....

LOUIS

N'y a-t-il pas à craindre qu'avec cette idée de rivalité, on ne devienne jaloux des vainqueurs?

ROBERT

Dur et dédaigneux envers les vaincus?

HUBERT

Comme Sésostris dans Télémaque ?

ÉTIENNE

Et tout glorieux de ses petits succès?

ALEXANDRE

Ce ne sera toujours pas de celui d'aujourd'hui. Car je vous vois tous contre moi.

CÉSAR

Tu te trompes, mon cher ami. César et sa fortune, et l'histoire, sont pour toi.

Pouvons-nous oublier, messieurs, que c'est à l'émulation que Rome et Athènes doivent tant de grands hommes?

LOUIS

Et tant de jalousies, de querelles, d'ambitions effrénées, de guerres civiles?

CÉSAR

Et Thémistocle, que les trophées de Miltiade empêchaient de dormir....

ALFRED

Bon! voilà des trophées qu'on devrait faire peindre sur les murs du dortoir pour nous réveiller plus facilement le matin.

CÉSAR

Thémistocle, dis-je, a sauvé la Grèce en voulant surpasser son rival.

ROBERT

Et pour se débarrasser d'un autre, d'Aristide le Juste, il l'a fait exiler.

CÉSAR

Qu'est-ce qu'un fait particulier? Je vous dis que l'émulation était partout, qu'elle était l'âme de tout. Dans les jeux, dans les courses, dans les luttes des athlètes, dans les concours de poésie, entre les hommes d'Etat, entre les républiques, de quoi s'agissait-il, si ce n'est de la gloire!

ADOLPHE

Et Eschyle, le père de la tragédie, vaincu par Sophocle, allait mourir de chagrin en Sicile!

LOUIS

Et les envieux de Phidias et de Socrate les jetaient en prison et leur ôtaient la vie!

ÉTIENNE

Et les hommes d'Etat, et les républiques se déchiraient sans cesse! Beaux résultats, vraiment, de la soif des louanges et du désir de se satisfaire soi-même.

CÉSAR

Après tout, la Grèce... Mais Rome !

HUBERT

Oui... César !

CÉSAR

Soit. N'est-ce pas l'émulation qui l'a formé, lui qui pleurait de n'avoir encore rien fait à l'âge où Alexandre avait pris mainte ville et maint royaume ?

ADOLPHE

Et pour avoir l'honneur de surpasser son modèle, il a fait la guerre à tout le monde, même à sa patrie !

DAVID

C'est bien laid, cet honneur-là !

LE MAÎTRE

Nous voilà un peu loin du prix de sagesse. L'émulation vous ferait discuter jusqu'à demain. Du reste, il y a quelque chose de bon dans ce système : c'est que nous devons combattre. Mais qui? nous-mêmes. Sur ce terrain-là, on a toujours quelque chose à faire ; mais si l'on se mesure avec les autres, qu'arrivera-t-il ? ou bien ils seront trop forts, et l'on tombera dans le découragement ; — ou bien ils seront trop faibles, et n'ayant pas besoin de toutes ses armes pour les vaincre, on se contentera d'un demi-travail, d'une demi-vertu.

CÉSAR

Nous verrons qui sera plus malin. Nous voici aux trois sages.

LE MAÎTRE

Parlez, Adolphe.

ADOLPHE

Pour savoir comment l'homme doit être conduit, il faut en étudier d'abord la nature. L'homme est une créature raisonnable. Parlez donc à sa raison ; faites penser de bonne heure les enfants à l'état qu'ils doivent embrasser ; démontrez-leur que, sans l'éducation, on ne parvient à rien. S'ils n'ont point de fortune, faites-leur sentir la nécessité de se créer un sort, de s'assurer un avenir. Si leurs parents sont dans l'opulence, représentez-leur les vicissitudes humaines, l'importance d'être quelque chose par soi-même. Que tous les élèves sachent ce que rapporte telle ou telle étude, où elle conduit ; qu'on leur mette devant les yeux les exemples de ceux qui, par tel ou tel chemin, sont arrivés à la gloire ou à la fortune. Permettez-moi, messieurs, de citer un fait à l'appui de mon système. Je ne dis pas cela pour me glorifier ; mais enfin j'ai obtenu quelques succès, et, s'il faut le déclarer, je les dois à un plan que je me suis tracé moi-même. Je me suis assigné un but, et pour y atteindre, j'y marche continuellement. Je promets de renverser tous les obstacles. Que chacun fasse de même.

ALFRED

Voilà qui est certainement bien conçu. C'est ce que maman me dit toujours : « Surtout, Alfred, soyez raisonnable ! »

ALEXANDRE

Et Alfred en est-il plus sage ?

HUBERT

Cependant il faut convenir qu'Adolphe, avec son moyen, fait de bonnes études.

LE MAÎTRE

La raison, effectivement, peut avoir de l'empire sur l'homme ; mais il faut bien le reconnaître : non seulement peu d'enfants, mais même peu d'hommes marchent à sa voix. Ainsi, voyez dans le monde, les dures leçons de la nécessité ne peuvent même former certains hommes. Comment donc la raison suffira-t-elle pour déterminer au travail de jeunes enfants persuadés de la tendresse de leurs parents et sûrs de l'aisance du lendemain ? Je ferai un autre reproche à ce système. En cherchant en lui seul son point d'appui, l'homme peut se faire illusion sur ses forces, et souvent il devient orgueilleux. J'ai connu des écoliers très raisonnables, qui étaient fort peu attachés à leurs maîtres parce qu'ils croyaient tout se devoir à eux-mêmes, qui étaient peu indulgents envers leurs camarades, qui étaient enfin peu aimants, peu aimables et peu aimés, ce qui est quelque chose dans la vie.

GABRIEL

Je ne suis pas pour ce système.

ALFRED, FERNAND, DAVID, ROBERT, HUBERT, ALEXANDRE, CÉSAR, LOUIS, ÉTIENNE, *l'un après l'autre*

Ni moi.

HUBERT

La raison est culbutée.

LE MAÎTRE

Louis va nous dire maintenant son opinion.

LOUIS

Je rends hommage à la raison ; mais comme l'a démontré notre cher maître, elle ne suffit pas. Il y a même en nous quelque chose de plus fort qu'elle. Combien de choses, en effet, on se décide à faire pour d'autres, qu'on ne ferait pas pour soi-même! Cherchons donc un mobile plus puissant et plus noble que notre propre intérêt; ce mobile, mes amis, il est dans le cœur de chacun de nous. Que ne ferait-on pas, je vous le demande, pour un père, pour une mère? Quelle pensée plus capable de nous soutenir dans les rudes épreuves du travail, que celle de la satisfaction que nous pouvons donner à nos parents?

Quelle joie si, à la fin de la semaine, on a obtenu un bulletin de contentement! si l'on peut s'écrier de loin : Je suis le premier ! Et puis arrive le jour de la distribution des prix. Les noms sont proclamés ; les couronnes sont sur la tête des vainqueurs ; les fanfares se font entendre, les applaudissements éclatent ; les larmes sont dans les yeux de toutes les mères : vous courez à la vôtre, vous déposez sur ses genoux vos prix et vos couronnes ; elle vous presse dans ses bras ! Qui reculera devant un si beau triomphe ? qui refuserait à sa mère de si douces émotions ?

TOUS

Bravo ! bravo !

ALFRED

Le jour de la distribution des prix, moi, j'ai toujours un grand courage, et quand je pense à ma chère maman, qui n'entend pas proclamer mon nom, je ne puis m'empêcher de pleurer.

GABRIEL

C'est vrai ; si l'on pensait toujours à ses parents, on aurait plus de cœur à l'ouvrage.

DAVID

Je crois que la palme doit être décernée à Louis.

ADOLPHE

Ce système-là n'offre, en effet, aucun inconvénient.

HUBERT

Il convient aux élèves les plus avancés comme aux plus jeunes.

ROBERT

Il sera donc inutile d'entendre ce pauvre Etienne, qui a vraiment mal fait de nous céder la parole.

LE MAÎTRE

Point du tout; chacun doit avoir son tour. Je fais compliment à Louis de ses sentiments ; mais Etienne a peut-être aussi de bonnes choses à dire; vous jugerez entre eux. Parlez donc, Etienne.

FERNAND

Comment s'y prendra-t-il ? nous avons tout trouvé.

ÉTIENNE

Je vous demande pardon, mes jeunes amis, de vous tenir encore quelques instants et de vous priver de vos jeux. J'eusse renoncé volontiers à la parole, et, comme vous, j'eusse donné la palme à notre ami Louis, si je n'avais senti au fond de mon cœur que le mobile puissant et noble qu'on vient de proclamer n'est pas le meilleur et le véritable. En effet, mes amis, s'il existe un moyen de nous porter à bien faire, il doit exister pour tous, nul n'en peut être dépossédé. Or, vous le savez, je suis orphelin; suis-je donc privé pour cela de l'amour du bien? n'aurai-je pas de témoin de mes travaux? l'orphelin n'aura-t-il à offrir à personne les prix et les couronnes qu'il a remportés? une mère reçoit son enfant dans ses bras; n'y a-t-il pas de bras ouverts à l'orphelin? Chacun de vous m'a compris; le Père suprême, le père qui ne peut manquer à aucun, c'est celui qui règne dans les cieux. C'est lui qui nous a donné véritablement la vie en nous donnant une âme immortelle. C'est lui seul qui nous anime et nous fortifie. Nos parents sont les témoignages de sa bonté; mais quand il nous les enlève, il demeure notre éternel guide, notre éternel appui et notre éternel consolateur. Efforçons-nous donc de plaire à ce bon Père, travaillons en vue de sa gloire; offrons-lui nos prix et nos couronnes : un jour aussi, il nous recevra dans ses bras comme une tendre mère, et il posera sur nos fronts une couronne immortelle. Que ceux d'entre vous qui ont le bonheur de posséder encore leurs parents puisent dans leur piété filiale un mobile noble et salutaire; mais qu'ils bénissent, avant tout, Celui qui les leur conserve, et que tous glorifient le Père commun, l'Auteur de tous les dons, le Principe de toute force, le Maître de toute science !

LOUIS

Vous m'avez vaincu, mon cher Etienne; c'est à vous que la palme doit être décernée.

ALFRED

Pour le coup, il n'y a rien à répondre.

LE MAÎTRE

Quelqu'un demande-t-il à répondre ?
Silence général.

Je vous décerne donc la palme, mon cher Etienne; vous avez mérité, par vos paroles, le prix de sagesse que vous méritiez déjà par votre conduite ; et l'amour que nous vous portons tous dans cette maison est une preuve que Dieu, comme vous le dites, n'abandonne jamais ses enfants.

J'ajouterai, mes amis, quelques paroles à celles de votre vertueux condisciple.

Quelques-uns de vous ont reconnu, avec beaucoup de justesse, que les remontrances et les punitions ne sont pas le meilleur mobile pour déterminer les jeunes gens à bien faire. On pourrait même y renoncer dans une éducation particulière; mais partout où une société s'établit, partout où il y a une lutte du bien et du mal, où l'on vit sous une règle commune, l'autorité doit intervenir pour tenir le bien en honneur et le mal en discrédit, pour protéger les bons et contenir les méchants ; c'est là une nécessité que vos maîtres sont forcés d'admettre et d'établir. Bien plus, si cet ordre moral n'existait pas, si la paresse, la turbulence, la rébellion avaient l'impunité, vous-mêmes vous créeriez la répression ; vous-mêmes vous vous feriez justice, vous vengeriez vos études troublées et compromises et vos offenses particulières, ou plutôt vous vivriez dans une anarchie complète. Un bon élève considère une punition comme une amende honorable, comme une chose utile au bien général. Il arrive qu'après la punition subie, on est plus libre et plus joyeux que si l'on avait tout le poids de sa faute.

Le moyen parfait de vous déterminer à bien faire, ce n'est donc pas nous qui le possédons, c'est vous seuls, il est dans votre conscience, il est dans votre cœur, comme vous l'a dit Etienne. Dieu est le principe de toute lumière, de toute sagesse, de toute science ; c'est à lui qu'il faut tout demander, tout offrir. Ne travaillez pas en vue des récompenses que nous vous décernons, vous tomberiez dans l'orgueil et dans l'envie ; ne travaillez pas en crainte des punitions, vous travailleriez comme des esclaves ; travaillez comme de vrais enfants de Dieu, avec liberté, droiture et simplicité, pour la gloire de votre Père céleste, pour le bien général, pour la satisfaction de vos familles et pour votre propre bonheur !

FIN

TABLE

Jean, ou l'Orphelin reconnaissant.	7
Ernest, ou le Repentir d'un bon cœur.	27
Julien, ou le Mensonge.	53
Henri, ou le Jeune Instituteur.	75
Bastien, ou l'Enfant dissipé.	97
Charles, ou l'Enfant jaloux.	121
L'Epée.	135
Adolphe, ou l'Arrogant puni.	153
Le Prix de sagesse.	199

— Lille, Typ. J. Lefort. 1879 —

A LA MÊME LIBRAIRIE

Volumes in-12 à 30 cent.

Ange du sommeil (l')
Buisson du mendiant (le)
Cabane du pêcheur (la)
Ce que coûte un caprice
Cœurs droits (les)
Dernier des Wiberg (le)
Dernier Né (le) : scènes de famille
Deux Noms
Deux Pâtres (les)
Deux Savoyards (les)
Don Juan Luis
Episode de notre temps
Esclave et Patricienne
Fille de Dioclétien (la)
Fille du garde-côte (la)
Filles du Charbonnier (les)
Fils des larmes (le)
Grotte du Corbeau (la)
Guillaume Sans-Cœur
Hospice du mont St-Bernard
Imagination (l')
Intrigue et Droiture
Inventaire (l')
Jacques le Porteur d'eau
Jean, ou l'Etat le plus heureux
Jeune Chrétien de Wallis (le)
Main de Dieu (la)
Main droite et la Main gauche (la)
Maire de village (le)
Martyr de l'Inde (le) vie du Bx Jean de Britto
Martyre de S. Sébastien (le)
Modèle de charité : Mme de Méjanès
Mois de pieuses lectures (un)

Noble et Martyr
N.-D. de Gouadaloupé, près Mexico
Nuit porte conseil (la) : drame
Oiseaux du ciel (les)
Pauvre savetier (le)
Paysans norwégiens (les)
Pèlerinage à la Salette
Pierre angulaire (la)
Pierre Robert
Piété rend heureux (la)
Prix d'un quart d'heure (le)
Quelques traits de Pie IX.
Réhabilitation (la)
Rosière de Salency (la)
Saint Saturnin et ses Compagnons martyrs en Afrique
Sainte Bergère (la)
Secret (le)
Se dévouer c'est aimer
Si j'avais mille écus
Soldat chrétien (le)
Souvenir de la Terreur (un)
Sur les bords du lac Ontario
Télégraphe électrique (le)
Trois Proverbes
Trop parler nuit
Un Cœur d'or
Un Jour de mistral
Un Martyr du IIIe siècle de l'Eglise
Un Pacha de Séville
Un prisonnier pour dettes
Vacances d'Ernest (les)
Vœu (le).

— LILLE. TYP. J. LEFORT. —

www.ingramcontent.com/pod-product-compliance
Lightning Source LLC
Chambersburg PA
CBHW060125170426
43198CB00010B/1033